SÉTHOS.

TOME PREMIER.

DE L'IMPRIMERIE DE L. HAUSSMANN,
RUE DE LA HARPE, N°. 8o.

SÉTHOS,

HISTOIRE OU VIE

TIRÉE DES MONUMENS ANECDOTES

DE L'ANCIENNE ÉGYPTE.

TRAD. D'UN MANUSCRIT GREC.

PAR L'ABBÉ TERRASSON.

NOUVELLE ÉDITION, revue, corrigée et précédée d'une
Notice historique et littéraire sur la vie et les
ouvrages de l'Abbé TERRASSON.

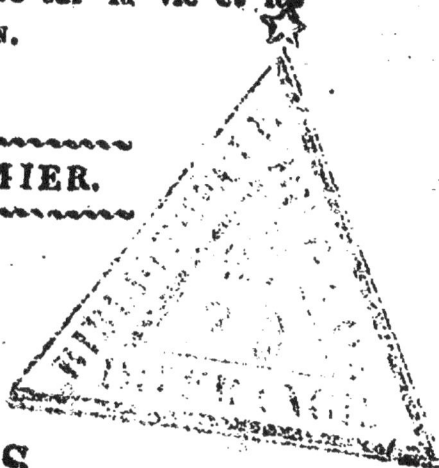

~~~~~~~~~~~~~~~~~~~~~~~~~~

TOME PREMIER.

~~~~~~~~~~~~~~~~~~~~~~~~~~

A PARIS,

Chez D'HAUTEL, Libraire, rue de la Harpe, n°. 80,
près le Collège de Justice.

~~~~~~~~~~~

1813.

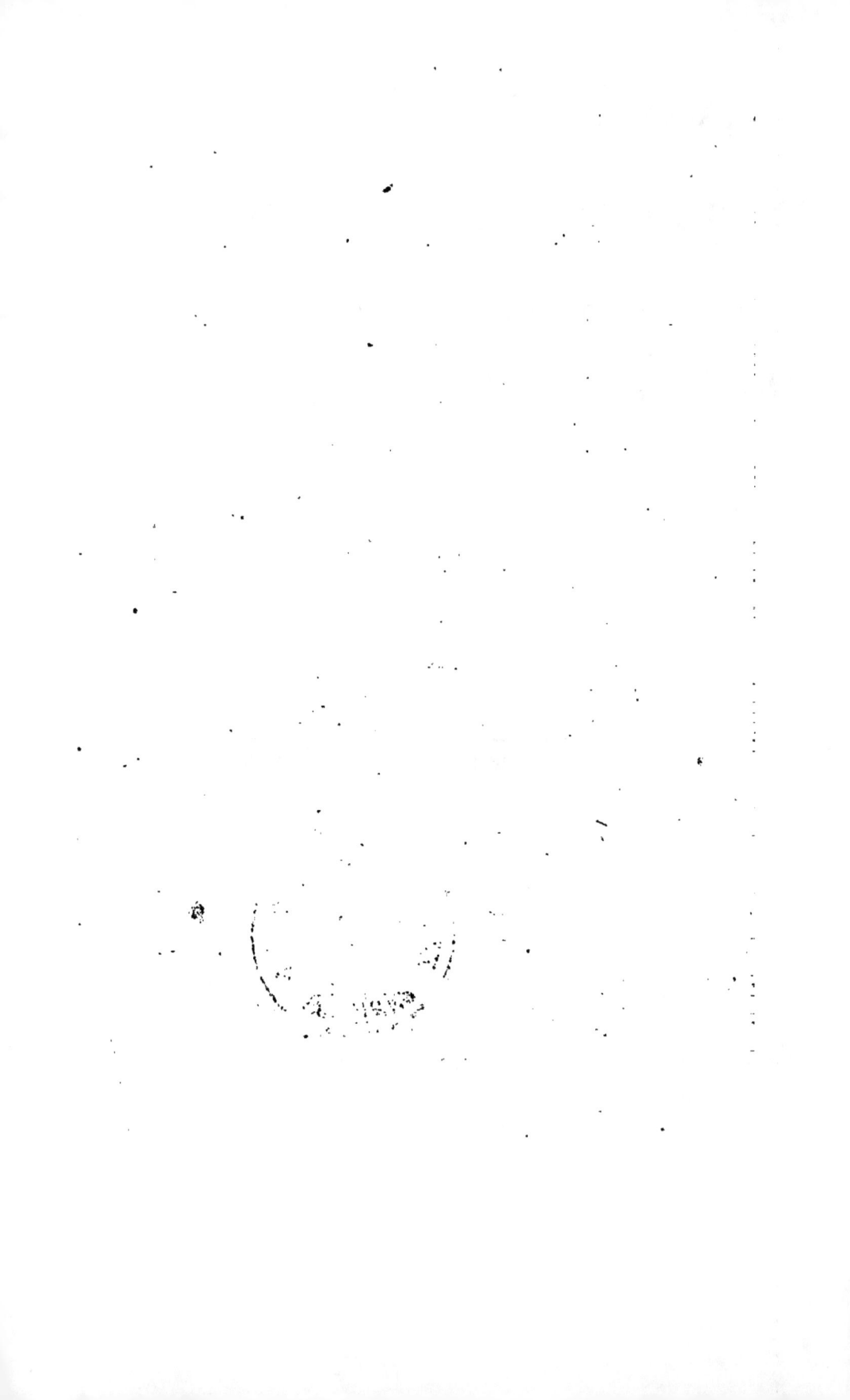

NOTICE

SUR LA VIE ET LES OUVRAGES

DE L'ABBÉ TERRASSON.

L'ABBÉ TERRASSON, né à Lyon, en 1670, étoit le fils aîné de Pierre Terrasson, conseiller au présidial de cette ville. La famille de Terrasson a produit plusieurs hommes distingués dans les sciences et dans les lettres. De la branche collatérale sont sortis Mathieu Terrasson, célèbre avocat, dont on a recueilli les œuvres, toutes relatives à l'exercice de sa profession, en un volume in-4°. Son fils Antoine Terrasson éditeur de ce recueil fut lui-même un avocat très-connu au barreau, et est l'auteur d'un excellent ouvrage qui a pour titre : *Histoire de la jurisprudence romaine.*

Du Conseiller au présidial de Lyon sont issus, outre Jean Terrasson, plus connu sous le nom de l'abbé Terrasson (1), un autre Jean

---

(1) On ignore le motif qui lui a fait garder l'habit ecclésiastique, d'où il a toujours conservé la dénomination d'abbé Terrasson ; mais il paroît qu'il n'étoit pas engagé dans les ordres sacrés.

Terrasson sur la vie duquel on n'a aucune lumière ; André et Gaspard Terrasson, tous deux prêtres de la congrégation de l'Oratoire qui tous deux aussi se sont fait un nom dans la carrière de la prédication, et dont on a donné au public les sermons. L'abbé Terrasson, comme ses trois frères, avoit été destiné par son père, homme d'une grande piété, mais très-singulier dans ses vues d'établissement pour ses fils, à passer sa vie dans l'institution de l'Oratoire. Comme il n'y étoit entré qu'avec répugnance, il en sortit presqu'aussitôt, puis il y rentra de nouveau et en ressortit tout aussi promptement. Irrité de cette inconstance, son père le réduisit, par son testament, à un revenu très-médiocre.

L'abbé Bignon, habile à discerner le mérite, découvrit celui de l'abbé Terrasson qui avoit fait d'excellentes études, qui avoit acquis une profonde connoissance des langues savantes, et étoit initié dans les principes de la philosophie d'alors : il lui obtint, en 1707 une place d'associé à l'académie des sciences, et le fit nommer, en 1720, à la chaire de philosophie grecque et latine au Collége de France. A cette même époque le fameux système de Law procura à l'abbé Terrasson une grande opulence ; mais il la perdit presque aussi rapidement qu'il l'avoit acquise, et il la perdit sans regret ; car quoiqu'il eût conservé, dit d'Alembert, au milieu des richesses, cette simplicité de mœurs qu'elles font communément disparoître, il n'étoit pas sans défiance sur lui-même : *Je répondrois de moi*, disoit-il, *jusqu'à un million* : ceux qui le connoissoient, ajoute d'Alembert, auroient bien répondu de lui par delà.

Les réflexions que publia l'abbé Terrasson *en faveur du système de Law*, prouvent que, malgré la chute de ce système qui avoit entraîné celle de sa rapide fortune, il croyoit sincèrement que ce système, s'il eût été bien dirigé, auroit pu être utile à la chose publique ; des hommes d'un grand poids, dans cette matière, ont pensé de même.

La liaison de l'abbé Terrasson avec Fontenelle et Lamotte, l'avoit engagé dans la fameuse querelle sur les anciens et les modernes ; et le premier ouvrage qu'il avoit publié avoit été une *Dissertation sur l'Iliade*, ou plutôt contre l'Iliade ; elle parut en 1715. Dans cet ouvrage où, quant au fond, le bon goût étoit un peu égaré, perçoient ces principes d'indépendance philosophique qu'il avoit puisés dans son commerce avec Fontenelle ; mais il n'y avoit point contracté cet esprit de finesse métaphysique qui se laisse toujours apercevoir dans les meilleures productions même de ce philosophe. Le style de l'abbé Terrasson, dans tous ses écrits, et même dans sa Dissertation sur l'Iliade, a toujours de la clarté, du naturel, et souvent même de la noblesse.

Vers l'année 1735, l'abbé Terrasson publia *la traduction de Diodore de Sicile*, historien recommandable, surtout en ce que comme *les Vies des hommes illustres*, par Plutarque, l'histoire de Diodore remplit des lacunes considérables dans l'histoire ancienne, quoique malheureusement les ravages du temps et des barbares aient fait disparoître une grande partie de cet ouvrage. On prétend, dit d'Alembert, qu'il n'entreprit cette traduction que pour prouver combien les amateurs des anciens sont aveugles. Quoi qu'il en soit de cette anecdote un peu hasardée, la traduction de Diodore eut un grand succès et le méritoit : il en parut une seconde édition dès l'année 1737. C'étoit, dans le genre historique, la première traduction qui, depuis celles d'Ablancourt plus infidèles encore qu'élégantes, réunissoit une élégance soutenue à la plus exacte fidélité : elle concourut, avec l'ouvrage dont nous allons rendre compte, à ouvrir à l'abbé Terrasson les portes de l'Académie française. Cet ouvrage est le roman de *Séthos*, qui avoit paru dès l'année 1731 : il l'avoit publié sous le titre d'*Histoire ou vie tirée des monumens anecdotes de l'ancienne Egypte, traduite d'un manuscrit grec.*

Montesquieu étoit le premier qui, en faisant paroître son *Temple de Gnide*, eût présenté au public son ouvrage comme la traduction d'un manuscrit grec. Cette agréable supercherie a eu depuis beaucoup de maladroits imitateurs. Celle que se permit l'abbé Terrasson avoit plus de vraisemblance même que la supposition faite par Montesquieu, parce que les profondes recherches sur l'ancienne Egypte, qu'il avoit versées dans Séthos, donnoient à cet ouvrage une physionomie antique, tandis que les tableaux ingénieux et brillantés du Temple de Gnide décéloient une touche tout à fait moderne.

« Cet ouvrage, quoique bien écrit et esti-
« mable par beaucoup d'endroits, dit d'A-
« lembert, ne fit cependant qu'une fortune
« médiocre. Le mélange de physique et d'é-
« rudition que l'auteur y avoit répandu, et
« par lequel il avoit prétendu instruire et
« plaire, ne fut point du goût d'une nation qui
« sacrifie tout à l'agrément, et que M. l'abbé
« Terrasson avoit moins étudié en homme
« du monde qu'en philosophe. Mais si le ro-
« man de Séthos est inférieur, de ce côté-là,
« au Télémaque son modèle, il n'y a rien
« aussi dans le Télémaque qui approche d'un
« grand nombre de caractères, de traits de
« morale, de réflexions fines et de discours
« sublimes qu'on trouve dans Séthos : je n'en
« rapporterai, pour exemple, que le portrait

« de la reine d'Egypte en forme d'oraison
« funèbre, portrait que Tacite eût admiré, et
« dont Platon eût conseillé la lecture à tous
« les rois. »

Ce jugement de d'Alembert, et surtout
l'esprit philosophique qui s'étoit répandu
dans presque toutes les classes de la nation
française, vers le milieu du dix-huitième
siècle, avoient insensiblement ramené l'opinion publique sur le mérite de Séthos (1). Des

---

(1) Ce roman fait suite à la collection in-18 que je
publie et qui se compose des ouvrages suivans :

OEuvres complètes de madame de la Fayette, contenant : Zayde, la Princesse de Clèves, la Princesse de
Montpensier, la Comtesse de Tende, Mémoires sur
la Cour de France, Histoire de madame Henriette.
Nouvelle édition, revue, corrigée et précédée d'une
Notice historique et littéraire, et d'un Traité sur l'origine des Romans, 5 vol. grand in-18.

OEuvres de madame de Fontaines, contenant : la
Comtesse de Savoie, et histoire d'Aménophis, prince
de Libye 1 vol. grand in-18.

OEuvres complètes de madame de Tencin, contenant : Mémoires du Comte de Comminges, le Siége
de Calais, etc. etc., précédées d'une Notice historique et littéraire. Nouvelle édition. 4 vol. grand in-18.

OEuvres de madame Elie de Beaumont, contenant
les lettres du marquis de Roselle, 2 vol. in-18.

Nouveaux Elémens de Littérature, ou analyse rai-

circonstances plus récentes ont contribué
encore à faire rechercher cet ouvrage de-
venu assez rare, parce qu'il n'a pas été réim-
primé depuis 1767, où parut la 2ᵉ. édition,
en 2 vol. in-12. Les mémorables campagnes
d'Egypte et la publication faite par les ordres de S. M. l'Empereur du recueil d'observations et de recherches qui ont été faites

sonnée des différens genres de compositions littéraires, et des meilleurs ouvrages classiques, anciens
et modernes, français et étrangers; contenant des
extraits ou traductions des Auteurs les plus estimés.
Traduits en partie de l'ouvrage allemand d'Eschen-
burg. Par M. Breton, auteur de la Bibliothèque géo-
graphique de Campe; à l'usage des jeunes gens.
6 vol. in-18.

Choix d'éloges français les plus estimés. Contenant :
Essai sur les éloges, par Thomas. — Eloge de Marc-
Aurèle, de Descartes, de Duguay-Trouin, par le
même auteur. — De Molière, de La Fontaine, par
Champfort. — Du roi de Prusse, par de Guibert —
De Newton, de Tournefort, de Vauban, de Leibnitz,
d'Argenson, et du Czar Pierre I, par Fontenelle. —
de Franklin, par Condorcet. — De Buffon, par Vicq-
d'Azir. Sept vol. in-18.

Essai sur les Eloges, ou Histoire de la littérature et
et de l'éloquence, appliquées à ce genre d'ouvrage,
par Thomas, de l'Académie française, 2 vol. in-18.

dans cette contrée, ont attaché un grand intérêt aux ouvrages qui la représentent dans son ancien état ; et Séthos est l'un des plus satisfaisans. L'abbé Terrasson y a répandu de grandes lumières sur l'antique Egypte, sur son gouvernement, sa religion, ses établissemens en faveur des sciences : il a fait plus, il a eu l'heureuse hardiesse de soulever en partie le voile dont les prêtres de l'Egypte avoient si soigneusement enveloppé les imposantes cérémonies de l'initiation aux mystères d'Isis, et le terrible appareil des épreuves qui la précédoient. A ces épreuves dont il trace la plus effrayante peinture, il soumet Séthos et l'en fait sortir glorieusement : il décrit, dans toute sa pompe, l'initiation de ce prince ; et par ses ingénieuses conjectures d'une vive imagination tempérée par les profondes recherches d'une saine érudition, il donne un tel degré de vraisemblance à la manifestation des mystères d'Isis, réputés jusqu'alors impénétrables, qu'on croiroit qu'ils lui ont été révélés par l'un des initiés ou l'un des prêtres égyptiens.

Ce n'est qu'après la mort de l'abbé Terrasson qu'a paru son dernier ouvrage qui a pour titre : *La Philosophie applicable à tous les objets de l'esprit et de la raison* (1).

_____

(1) Dans le recensement que les biographes MM.

Il a répandu, dans cette production qui renferme des vues très-solides et très-étendues sur les points les plus importans, de la société, les principes de la philosophie pratique.

Ce seroit ici le lieu de parler de son caractère et de ses habitudes; mais nous ne pourrions que copier d'Alembert, Moncrif et l'auteur anonyme d'une lettre écrite à l'éditeur de l'ouvrage posthume de Terrasson, qui nous ont transmis quelques particularités de sa vie, lesquelles ne sont pas sans intérêt, et qui sont placées à la tête de cet ouvrage.

Nous nous bornerons à observer ce qui ne l'a pas été jusqu'ici, c'est que, par son caractère et dans la conduite de la vie, Terrasson a eu avec La Fontaine les conformités les plus remarquables. Comme cet écrivain inimitable, il étoit très-négligé dans son extérieur, et ne s'en mettoit aucunement en peine: comme lui, dans le commerce de la société, il laissoit voir une telle stérilité d'idées et de sentimens, qu'elle avoit toutes les apparences de la stupidité. Comme lui, concentré dans l'objet de ses études, il étoit sujet à nombre de distractions et de disparates. Comme lui, très-insouciant sur l'accroissement de sa fortune, il ne fit, depuis l'épo-

De Landine et Chaudon ont fait des ouvrages de l'abbé Terrasson, ils ont absolument oublié celui-là.

I. 2

que du système, aucune démarche pour
l'augmenter. Comme La Fontaine enfin, il
s'éteignit sans douleurs aiguës, et sans aucune
altération sensible de ses facultés intellec-
tuelles que la perte de la mémoire : il étoit
âgé de quatre-vingts ans.

BOUCHER DE LA RICHARDERIE.

A

MADAME LA COMTESSE

DE ***.

M<small>ADAME</small>,

Les bienfaits particuliers dont je vous suis redevable, et les bontés dont vous m'honorez continuellement, ne me permettent pas d'adresser à d'autres qu'à vous le seul témoignage de reconnois-sance, dont soit capable un homme de ma profession. La vertu bienfaisante, qui est le principal ou plutôt l'unique sujet de cet ouvrage, m'a fait espérer, MADAME, qu'il pourroit être de votre goût : et les personnes choisies, qui ont l'avantage de fréquenter votre maison, y reconnoîtront aisément votre caractère. J'ai l'honneur d'être avec un très-profond respect,

MADAME,

Votre très-humble et très-obéissant serviteur ***.

PRÉFACE.

————

Je présente au public la traduction d'un manuscrit grec qui s'est trouvé dans la bibliothèque d'une nation étrangère, extrêmement
jalouse de cette espèce de trésor. Ceux qui
m'ont procuré la lecture de ce manuscrit,
ne m'ont permis de le publier qu'en le tra-
duisant , sans indiquer la bibliothèque à
laquelle appartient l'original. L'auteur ne
s'est nommé nulle part : mais quelques endroits du livre même font connoître que c'é-
toit un Grec d'origine, vivant à Alexandrie
sous l'empire de Marc-Aurèle.

Il n'y a pas lieu de douter que ce ne soit
ici un ouvrage de fiction. Les entreprises
dont les succès sont à-peu-près tels que le
lecteur les désire, quelques personnages qui
se retrouvent lorsque l'on ne comptoit plus de
les revoir ensemble, mais sur tout le grand
nombre de discours directs ou tenus par les
personnages même; tout cela prouve que mon
auteur ne s'est point assujetti à des faits réels,
où les circonstances ordinaires de la vie jet-
tent plus de dérangement ; et qu'il s'est rendu
maître, non-seulement des actions, mais encore des pensées de tous ceux qu'il fait agir.

Le genre d'utilité dont il vouloit être, l'a engagé au choix de ce genre de composition. On ne sauroit disputer à l'histoire proprement dite ses avantages. Elle est une culture d'esprit qu'on exige de toutes les personnes qui doivent montrer quelque éducation. L'histoire est essentielle à la profession de quelques-uns; et elle est un délassement d'un goût presque universel, à l'égard de ceux dont les occupations principales en paroissent le plus éloignées. Elle est une des plus grandes sources de la vraie philosophie, par la connoissance qu'elle donne des passions et des préventions humaines. Elle passe pour le guide le plus sûr de la politique, par l'expérience de tous les siècles qu'elle peut mettre dans un seul homme. Quelques-uns enfin la regardent comme un grand fond d'instructions morales, par les exemples continuels qu'elle fournit du bien et du mal.

Mais par rapport à cette dernière propriété, je crois qu'en examinant la chose de près, on trouvera l'histoire bien inférieure à la fiction, lorsque celle-ci est employée de la seule manière qui convienne à un sage écrivain, c'est-à-dire, dans l'intention de former les mœurs. L'histoire n'est par elle-même qu'un amas de faits que la providence conduit à des fins ordinairement cachées: et quoique tout soit merveilleusement ordonné dans les vues mystérieuses de la sagesse et de la justice divine, la suite des actions des hommes n'est assez souvent à l'extérieur, qu'une suite de projets manqués et de crimes impunis. Le spectacle de ce qui s'est passé dans le monde n'est pas autre à la rigueur que le spectacle de ce qui se passe dans une place publique: ni l'un ni l'autre de ces deux spectacles n'est moral que par les réflexions du spectateur ou du relateur. En un mot l'histoire prise en elle-même ést plutôt un objet qu'une doctrine.

Il n'en est pas ainsi d'un ouvrage de fiction. L'auteur moral, s'il prend la forme de la narration, se propose ordinairement d'indiquer et de représenter toutes les vertus propres à l'état ou à la condition de son héros. Il le place dans toutes les conjonctures qui peuvent donner lieu à l'exercice de ses vertus. Il l'oppose non-seulement à de méchans hommes, mais à des hon...ues d'une vertu foible et chancelante; afin que leur comparaison avec lui donne un plus grand lustre au caractère du personnage principal. Il accompagne ses peintures de jugemens portés et d'avis formels. En un mot, il rend l'instruction complète et par les leçons et par les exemples. On réuniroit ou l'on fondroit ensemble plusieurs grands hommes de l'histoire et l'on rassembleroit les événemens de bien des siècles, avant que d'y rencontrer les sujets d'admiration et d'imitation, qu'un bon auteur de fictions fait trouver dans une partie souvent assez petite de la vie d'un seul héros.

Les deux ouvrages qui ont paru jusqu'ici parmi nous dans ce genre, *Télémaque* et *les Voyages de Cyrus*, ont parfaitement rempli cette idée. Ce n'est pas la comparaison de l'histoire qui est d'un ordre tout différent, c'est la comparaison des bons ouvrages de fictions, qui contribuera de plus en plus à faire sentir la futilité pernicieuse des romans; lorsqu'on entend par ce terme une peinture avantageuse, ou seulement favorable des foiblesses ou des désordres de l'amour. Mais un fruit plus important encore des bons ouvrages de fictions, sera de désabuser les hommes du faux héroïsme. L'ambition sanguinaire ou la vengeance implacable célébrées par tant d'orateurs et par tant de poëtes, sous le nom de valeur, seront dépouillées de l'éclat dont on a voulu les revêtir: et l'on regardera bientôt comme de fausses beautés d'éloquence ou de poésie tout ce qui aura servi à relever de fausses vertus.

Cet heureux effet semble déjà s'être répandu dans tous les esprits. La désolation des peuples ne paroît plus être, du moins chez les nations policées, un objet d'émulation. Les éloges des conquêtes et des ravages n'entrent plus dans l'éducation des princes enfans; et les bons poëtes ne les vantent plus de ne jouer qu'avec des armes. Je n'ai

pas lieu de me repentir d'avoir dit autrefois
en parlant de *Télémaque*: Que si le bonheur du genre humain pouvoit naître d'un
poëme, il naîtroit de celui-là. Quoique ceux
qui gouvernent le monde s'appliquent rarement à la lecture, cependant comme les
précepteurs des rois connoissent les lettres,
et dans leur origine et dans leurs progrès,
ils ne laissent ignorer à leurs élèves ni les
principes de morale qui se développent,
ni les maximes de douceur qui s'établis-
sent de leur temps même. Les princes mon-
tent sur le trône déjà instruits de la véritable gloire; et pensant tous enfin sur ce sujet
comme le public, ils concourent ensemble
à le maintenir dans le repos et dans le bonheur qu'il attend d'eux.

Une paix dont la durée ne trouve pas
l'exemple dans notre histoire, est sans doute
le fruit de la sagesse d'un grand ministre;
et les Français lui tiennent tout le compte
qu'ils doivent lui tenir des attentions et des
ménagemens qui maintiennent leur tranquillité. Mais les princes avec qui il traite
apporteroient peut-être plus de résistance à
ses desirs, si une éducation aidée par un
ouvrage utile à tous les rois de la terre, ne
les avoit rapprochés eux-mêmes des dispo-
sitions où se trouve l'auguste et jeune mo-
narque, dans le royaume duquel *Téléma-*
que a pris naissance. Si l'on est bien reçu

à soutenir que les lettres toujours plus cultivées, ont introduit la politesse et le bon goût dans toutes les cours et dans toutes les villes de l'Europe, il doit être permis d'attribuer, du moins en partie, l'amour de la paix qui semble régner aujourd'hui chez tous les peuples, à des ouvrages d'une morale excellente, revêtus d'ailleurs de tous les agrémens propres à les faire goûter. On peut sans doute les joindre aux autres causes de cet esprit d'équité et de pacification dont on se pique par-tout de montrer du moins les apparences, qui bannit peu-à-peu ces animosités de nation, que le seul éloignement de leurs anciens prétextes commençoit à rendre injustes et honteuses, et auxquelles on substitue tous les jours l'estime réciproque des vertus, des talens et de toutes les bonnes qualités de ses voisins.

Outre la réformation des jugemens et l'adoucissement des mœurs, une suite naturelle du succès de *Télémaque* devoit être l'établissement d'un nouveau genre d'ouvrages. Mais au lieu que les premiers poëmes de l'antiquité ont produit des imitations de même forme et de même nom, comme des épopées, des tragédies, des idylles, et semblables; on n'a imité l'auteur de *Télémaque* que par l'essentiel, c'est-à-dire, par la même intention, ou par le zèle de produire les mêmes fruits. Ainsi au lieu que

Télémaque est un poëme épique; *les Voya-*
ges de Cyrus ne sont, conformément à leur
titre, qu'une course du héros, entreprise pour
recueillir les instructions de tous les sages
de son temps, et pour rapporter dans ses
états ce qu'il y avoit de bon et d'avantageux
dans les différentes lois des royaumes ou des
républiques célèbres.

L'ouvrage dont il s'agit est, par rapport
au dessein moral du même genre que l'un
et l'autre; mais il en diffère encore plus
pour la forme qu'ils ne sont différens entre
eux. L'un et l'autre sont proprement une
éducation: et quoique Cyrus en sorte moins
jeune que Télémaque, les deux héros n'ont
recueilli encore que les instructions qu'ils
devoient mettre en usage, ou n'ont fait que
les essais de ce qu'ils devoient pratiquer,
le premier dans la conduite d'un petit
royaume, et le second dans le gouvernement d'un grand empire. Mon auteur au
contraire propose une vie complète, ou l'ap-
plication actuelle des principes et des sentimens que son héros a puisés dans une éducation très-singulière. Ainsi dans une histoire distribuée en dix livres, le héros dès
le quatrième est en état d'instruire les autres; et dans toute la suite il n'agit plus que
par lui-même. Animé du véritable héroïsme, il employe le temps d'un long exil à
chercher des peuples inconnus qu'il délivre des superstitions les plus cruelles, et

dont il devient le législateur. Dans son retour
il sauve par son courage une puissante répu-
blique d'un ennemi qui étoit à ses portes;
et il n'exige d'elle pour sa récompense que
le salut du peuple vaincu, dont le roi ou le
tyran l'avoit attaquée. Rentré enfin dans sa
patrie, il se rend le bienfaiteur de ceux qu'il
avoit sujet de regarder comme ses ennemis
et ses rivaux; et il se réjouit des conjonctures qui engagent son honneur à leur sacrifier ses intérêts, et qui lui font un devoir de
la félicité qu'il leur procure.

Ce n'est pas seulement par disposition naturelle ou par habitude que Séthos est vertueux. Les motifs de sa conduite sont tirés
de principes constans et éclairés qu'il expose
en diverses rencontres: et il se fait à lui-
même des décisions, qui allant toujours au
plus parfait et même à l'héroïque, sont néanmoins plus recommandables par la justesse
que par la sévérité. Là-dessus on doit juger
que l'auteur qui a vécu dans le second siècle, a eu quelque connoissance d'une morale très-supérieure à celle du paganisme.
Il est aisé de s'apercevoir que c'est delà
qu'il a emprunté ces définitions et ces dis-
positions exactes des vertus et des vices, qu'il
met quelquefois dans la bouche de son héros
et de quelques autres de ses personnages.
C'est aussi ce qui me donne la confiance
d'avancer que cet ouvrage contient une morale plus recherchée et plus approfondie

qu'on ne l'a vue encore en aucun livre de pures belles-lettres, ou du nombre de ceux qu'on peut apeler profanes.

Cependant comme l'auteur laisse son héros payen, il ne s'agit absolument dans cette histoire ou dans cette vie que des vertus morales. Il n'est point inutile de les recommander aux hommes. C'est par-là que l'on peut avoir, si je l'ose dire, un commerce de mœurs avec les peuples les plus différens de religion. C'est par-là que dans la religion même on peut entretenir l'humanité et la probité, si nécessaires au bien public, dans ceux qui ont le malheur de n'être pas assez sensibles à des motifs d'un autre ordre, et plus importans pour eux. C'est par-là enfin que l'on peut faire remarquer à des personnes trop zélées, qui paroissent mépriser les vertus simplement morales, que les vertus chrétiennes sont à leur égard ce que la foi est à l'égard de la raison, c'est-à-dire, qu'elles leur sont supérieures sans leur être jamais contraires.

Une seconde vue de mon auteur avoit été de jeter dans son ouvrage à l'occasion d'un héros égyptien, un grand nombre de curiosités littéraires concernant cette fameuse nation. Mais de plus, comme il fait parcourir à son héros une grande partie de la terre, il avoit recueilli avec soin les premières notions de l'ancienne géographie. C'est une

des raisons, sans doute, qui lui avoient fait
prendre le tour d'une histoire ou d'une vie,
plutôt que celui d'un poëme ou d'un roman.
En effet, l'exemple d'Hérodote, de Polybe,
de Diodore et sur-tout de Plutarque, l'autorisoient à insérer dans sa narration, non-
seulement des antiquités politiques ou militaires : mais encore des traits historiques sur
l'origine et sur les progrès des connoissances humaines. Ces grands écrivains regardoient ces digressions comme très-curieuses
pour le commun des lecteurs, qui n'ont pas
le temps ou la patience de recourir à d'autres sources.

J'avouerai pourtant que l'aspect de tout
mon texte traduit, m'a fait craindre l'in-
convénient des interruptions, ou trop
longues ou trop fréquentes, dans une vie
feinte que sa contexture doit rendre plus
intéressante que les vies ordinaires. Je n'ai
donc conservé de tout le détail de l'original
en cette partie, que ce qui étoit nécessaire
pour donner une idée suffisante de l'éducation d'un héros, qui a besoin de beaucoup de connoissances pour entreprendre le
premier une très-longue navigation, et pour
laisser des lois convenables aux différens
peuples qu'il a policés. Les académies de
Memphis qu'il fréquente dans sa première
jeunesse, et l'observatoire de Thèbes qu'il
visite avant son embarquement, étoient des
préparations essentielles à ce dessein. Ainsi

on trouvera encore le plan des premières dans le second livre, et une légère description de l'autre dans le cinquième. Mais dans ces endroits même épargnés, j'ai extrêmement abrégé la comparaison historique que l'auteur faisoit des sciences des Egyptiens avec celles des Grecs.

Cependant l'impression générale qui résultera du corps de l'ouvrage, est capable encore de donner une idée assez étendue des Egyptiens, des Phéniciens, et de quelques autres peuples; et la fiction même n'empêchera point qu'on ne reconnoisse le fond de leur esprit et de leurs mœurs. Il y a bien des gens qui n'ont point d'autre notion des Grecs et des Romains que celle qu'ils en ont prise dans les tragédies; et un certain sentiment qu'on auroit peine à définir, leur fait très-bien démêler ce qui doit être vrai de ce qui peut n'être qu'inventé. On a ménagé cet avantage aux romans même; et le neuvième tome de la Cléopâtre présente un tableau aussi fidèle de l'intérieur de la cour d'Auguste, qu'on auroit pu le demander à l'abbé de Saint-Réal. Mais on trouvera ici des indications plus sensibles que ne les donnent ni les tragédies ni les romans.

On peut d'abord s'assurer des circonstances particulières tant de l'Egypte que des autres nations, que l'auteur appuie du nom de quelques écrivains connus. Il semble avoir fait lui-même la séparation du réel et du

supposé, en alléguant ses auteurs anecdotes
pour les faits qu'il invente dans leur entier,
ou pour des coutumes qui, ayant leur fondement dans le vrai, sont rectifiées ou am-
plifiées dans le détail. Le privilége de la fiction est de sacrifier l'exactitude des faits non-
seulement aux vérités morales, mais encore
à l'embellissement du discours ; en supposant de plus que cet embellissement a pour
but de faire mieux recevoir l'instruction. Un
exemple de cette conduite de mon auteur,
est l'important article de l'initiation qui remplit seul deux livres entiers. Mais cet article
même est très-conforme à l'essentiel de cette
institution célèbre, autant qu'elle a pu trans-
pirer, malgré le silence rigide qui la couvroit, et telle qu'on en voit des traces dans
les auteurs ou payens ou chrétiens qui en ont
parlé. Tout l'ouvrage est plein de pratiques
ou d'usages dont j'ai soutenu moi-même une
partie par des remarques jointes au texte. Et
à l'égard de plusieurs autres traits moins
considérables, et pour lesquels j'ai évité de
charger de citations un livre tel que celui-ci,
je ne crains pas de dire que plus on aura de
lecture, plus on trouvera mon auteur d'accord avec les témoignages ou rassemblés ou
dispersés dans les différens auteurs qui nous
restent de l'antiquité. Car quoique j'aie voulu
débarrasser cet ouvrage de toute érudition
importune, je n'ai pas prétendu lui ôter l'a-
vantage et le soutien des recherches curieu-

ses : et j'ai eu dessein de conserver l'esprit de mon auteur, qui joignant l'amour des lettres à l'amour de la vertu, regarde même les lettres, dans une nation prise en général, comme la source et l'appui des vertus humaines et civiles.

Il semble au reste que cet auteur tire du lieu où il a vécu toute la vraisemblance qu'on peut exiger d'un auteur de fictions, par rapport aux connoissances qu'il peut avoir des actions et des sentimens de son héros. Il s'agit d'un prince égyptien né dans le siècle qui a précédé la guerre de Troie ; temps auquel l'ancienne Egypte se trouvoit dans sa plus grande splendeur. Or, ce temps est trop reculé pour avoir fourni des mémoires publics à quelque autre écrivain de l'Italie ou de la Grèce. Mais il est très-naturel qu'un citoyen d'Alexandrie ait eu en sa disposition des mémoires tirés, par le désordre des guerres, des archives sacrées de l'Egypte, et inconnus même aux prêtres égyptiens de son temps : et de plus les auteurs de ces mémoires peuvent avoir été les prêtres mêmes qui ont accompagné Séthos dans ses voyages. C'est pour donner une autorité semblable à son récit, que mademoiselle de Scudéry, dans la préface de son Cyrus, héros postérieur à celui-ci de sept ou huit cents ans, souhaite pourtant qu'on se représente son ouvrage comme la traduction d'un ancien manuscrit trouvé dans la bibliothèque du Vatican.

En second lieu, comme mon auteur ne parle des sciences des Egyptiens qu'en les comparant à celles des Grecs, par lesquels seuls les Romains connoissoient l'ancienne Egypte, le second siècle, ou le passage du premier au second, où cet auteur a vécu, étoit le temps le plus favorable pour cette comparaison. En effet, ce passage a formé le plus beau siècle des sciences pour les Romains et pour les Grecs, confondus alors sous le même empire. M. de Saint-Evremont a déjà remarqué que celui d'Auguste n'a brillé que par la poésie, et qu'il faut chercher un peu auparavant le beau temps de l'éloquence. D'un autre côté, nos meilleurs écrivains en matière de peinture et de sculpture, M. Félibien et M. de Piles, paroissent avoir renvoyé le siècle des beaux arts chez les Romains à l'intervalle déterminé par les règnes de Vespasien et des Antonins. Les seuls noms de Pline, de Ptolémée et de Galien donnent lieu de placer vers le même temps le plus haut point des sciences; et l'on trouvera dans cette histoire quelques indices qu'Alexandrie en étoit alors le vrai séjour pour les Romains même. Ces considérations justifioient mon auteur sur ce que j'ai cru devoir retrancher en cette matière, et lui donneront peut-être plus de crédit à l'égard du peu que j'ai conservé.

SÉTHOS.

LIVRE PREMIER.

Les Egyptiens, qui font remonter l'ancienneté de leur origine jusqu'à des temps
où notre histoire n'atteint pas, disent que
les dieux ont été leurs premiers rois. Ils
en comptent sept : Vulcain, le Soleil,
Agathodémon, Saturne, Osiris, Isis et
Typhon. Par Vulcain, auquel ils n'assi-
gnent point de commencement, leurs
philosophes entendoient le feu élémen-
taire répandu par-tout. Ce même feu
réuni en un globe est le Soleil fils de
Vulcain. Agathodémon défini par son
nom même, étoit le bon esprit ou le bon
principe. Saturne, ou le Temps, étoit
père d'Osiris et d'Isis, frère et sœur,
mari et femme, les deux sexes de la nature. Typhon, leur troisième frère, a
toujours représenté chez eux le malin
esprit ou le mauvais principe.

Osiris et Isis ont eu pour fils Horus, la
raison ou la sagesse humaine, qui commence le règne des demi-dieux. Ceux-ci

sont au nombre de neuf : Horus, Mars,
Anubis, Hercule, Apollon, Ammon,
Tithoës, Sosus, et Jupiter ou Ménès. Je
ne m'engage point à parler d'eux en particulier, d'autant plus que la plupart
sont assez connus et des Grecs et des La-
tins, dans leur signification même allégo-
rique. Je remarquerai seulement, pour
arriver d'une manière plus claire au temps
de mon héros, que le dernier des demi-
dieux commence le règne des hommes.
Il ne fut même regardé de son vivant que
comme un homme : mais après avoir gouverné seul toute l'Egypte sous le nom de
Ménès, le bonheur de son règne l'a fait
mettre après sa mort au rang des dieux,
sous le nom de Jupiter. Il eut quatre fils :
Thot ou Mercure, Esculape, Athotès et
Curudès, dont les deux premiers ont été
mis comme lui au nombre des dieux.
Pour rendre sa succession égale entre
eux, Ménès partagea l'Egypte en quatre
royaumes : Mercure régna à Thèbes, Esculape à Memphis, Athotès à This, et
Curudès à Tanis. Voilà l'origine des quatre grandes dynasties de l'Egypte, qui ont
été collatérales ou contemporaines pendant seize cents ans, jusqu'au fameux Sé-

sostris, roi de Thèbes et conquérant de l'Asie. (1) Les autres dynasties égyptiennes, que quelques historiens font monter à une vingtaine, depuis Ménès jusqu'à Sésostris, ne sont que des branches particulières de ces quatre souches principales : et les noms différens qu'on leur donne, comme d'Héracléopolites, de Coïtes, d'Eléphantins, et autres semblables, ne viennent que du séjour de quelques-uns d'entre les rois de chaque dynastie en différentes capitales d'un même royaume.

A l'égard des rois pasteurs qui étoient étrangers, et qui ayant subsisté en Egypte pendant trois ou quatre siècles semblent avoir interrompu cette succession, ils n'ont jamais eu de possession réglée en deçà de Tanis, au bord du Delta, dont ils contraignirent les rois naturels de se retirer à Héliopolis. Mais comme ces étrangers originaires d'Arabie faisoient de fréquentes courses dans le reste de l'Egypte, tous les Egyptiens réunis les attaquèrent et les vainquirent ; de sorte que

(1) Les généalogies qui précédent sont conformes à celles de Marsham ; mais ce qui suit paroît s'accorder avec la chronologie du père Pezron.

les vaincus par eux et par leurs descen-
dans fournirent toute l'Egypte d'esclaves.
Cette victoire fut remportée près de deux
cents ans avant la naissance de Sésostris,
qui trouva l'Egypte tranquille, et qui la
rendit très-florissante. Ce héros éleva son
courage jusqu'à se proposer l'exemple du
Dieu Osiris : et comme celui-ci, selon les
traditions égyptiennes, avoit parcouru
une grande partie de la terre, pour apprendre à ses habitans à la cultiver, et à
former entre eux des sociétés douces et
utiles, ainsi Sésostris fut le premier roi
du règne des hommes, qui porta ses armes dans l'Asie, pour y établir les lois,
et y introduire les connoissances de l'E-
gypte. Il avoit même gouverné les quatre
royaumes égyptiens, non pas à la vérité
par une domination forcée, mais par la
supériorité de son génie, de ses vertus et
de sa réputation.

Ses premiers successeurs soutinrent encore quelque temps, surtout à l'égard des
provinces étrangères, l'éclat d'un si grand
empire : et l'on trouve environ cent ans
après Sésostris, Mendès ou Memnon, roi
de Thèbes, maître de Suse et de la Phry-
gie, châtiant la Bactriane révoltée, et ré-

blissant l'ordre chez les peuples conquis par son aïeul. Mais Ramessès qui succéda à Memnon, n'ayant ni le courage ni la sagesse de ses ancêtres, perdit par sa foiblesse tous les pays de conquêtes, et par son orgueil un titre qui lui restoit encore au-dessus des autres rois de l'E-gypte. Ses prédécesseurs immédiats, ayant besoin de toute leur attention et de toutes leurs forces pour maintenir dans l'obéis-sance les provinces éloignées, avoient extrêmement menagé ces rois, et n'avoient point abusé d'un droit qu'ils sentoient n'avoir été véritablement attaché qu'au mérite personnel de Sésostris. Mais le jeune (1) Ramessès découvrit d'abord son caractère par deux obélisques, qu'il fit charger de titres si fastueux et si faux par rapport à lui, qu'on a cru dans ces der-niers temps qu'ils se rapportoient à Sé-sostris. Ce jeune prince, toujours prêt à se parer d'une gloire vaine et momenta-née, dont il ne prévoyoit jamais les hon-teux retours, s'avisa de faire porter des ordres formels à ces rois devenus ses

_____

(1) *Kirk. Oed. AEgypt* tom. 4, p. 162, et *Mars-m*, p. 431, *edit. in-fol.*

égaux. Mais ils lui déclarèrent qu'ils prétendoient que l'Egypte reprît l'ancienne forme de ses quatre dynasties, toujours collatérales et indépendantes depuis les quatre fils de Ménès. Ils alléguèrent que Sésostris lui-même ne les avoit point interrompues, et que les rois leurs prédécesseurs ayant gardé de son vivant le titre et les honneurs de la royauté, ils n'avoient accepté divers réglemens que Sésostris avoit proposés, que parce qu'ils étoient avantageux à la nation entière. Telle étoit la distribution qu'il avoit faite de l'Egypte en trente-six (1) nomes ou provinces, dont les gouverneurs particuliers veilloient plus facilement aux productions de la nature et de l'art, qu'elles pouvoient fournir pour le commerce étranger, et aux impositions qu'elles étoient en état de porter dans les guerres générales. C'est à lui, disoient-ils, que l'on devoit ces temples élevés dans chaque ville, en l'honneur de son dieu tutélaire ; ce mur qui régnoit depuis Pélus jusqu'à Héliopolis, et qui arrêtoit les courses des Syriens et des Arabes voisins du grand désert, peu-

_____

(1) *Diodore*, *l.* 1.

ples indisciplinables; ce large canal de communication, qui joignant la mer Méditerranée à la mer Rouge, faisoit passer par l'Egypte tout le commerce de l'Orient et de l'Occident; enfin ces digues et ces écluses, qui dans tout l'espace compris depuis les cataractes du Nil jusqu'à ses embouchures, entre les montagnes de la Libye et les côtes de la mer Rouge, arrêtoient ou recevoient, selon le besoin, les inondations du fleuve. Mais, ajoutoient-ils, toutes ces choses étant faites, ils sauroient les entretenir, chacun dans son état, sans attendre les avis de Ramessès, dont ils ne vouloient point sur tout recevoir les ordres. Cette résistance termina une difficulté qu'un roi plus prudent que lui auroit pu laisser encore indécise : et il fut réduit à se contenter du titre de roi de la Grande-Thèbes, que Sésostris avoit reçu de ses pères.

Deux cents ans ou environ après la mort de Ramessès, et cinquante ou soixante ans avant la guerre de Troie, Osoroth, déjà avancé en âge, succéda à la couronne de Memphis, dynastie qui n'étant guère moins puissante que celle de Thèbes, avoit d'ailleurs de très-grands

avantages sur celle-ci, par la douceur du
climat et par la beauté de la situation. La
ville de Memphis, capitale de la dynastie, étoit bâtie à l'occident du Nil, vers
l'endroit où ce fleuve unique de l'Egypte
se partage en sept bras, dont les deux qui
sont les plus éloignés l'un de l'autre, en-
ferment le Delta, et qui vont former tous
ensemble sept embouchures à l'entrée de
la grande mer (*la Méditerranée*). On a
appelé de tout temps l'Egypte entière un
présent du Nil , parce qu'on prétend
qu'elle n'est qu'un amas de terres que les
eaux de ce fleuve ont charriées successivement du midi au nord. Mais on parle
de la formation du Delta comme d'une
chose plus récente : puisque (1) selon des
monumens qui peuvent passer pour historiques, le phare d'Alexandrie, qui tient
aujourd'hui à la terre ferme, en a été
éloigné de vingt-quatre lieues de mer.
Cette région est si délicieuse, que l'on
feint que les dieux l'ont formée sur la
constellation du triangle, qui passe tous
les jours verticalement sur le Delta.

Osoroth, un peu avant que de monter

---

(1) *Plin. lib. 2, c. 35, Sen. quæst. nat. lib. 6, c. 26.*

sur le trône, avoit épousé Nephté fille du
roi de This, troisième dynastie placée
entre Memphis et Thèbes, à l'Occident
du fleuve. Il eut bientôt de cette princesse le prince dont j'écris la vie. C'est
l'aîné des trois fils d'Osoroth, indiqués
seulement sous le titre des trois ano-
nymes dans les annales de (1) Manéthon.
Mais quoique ce fameux historien fût
prêtre et même garde des archives sacrées
d'Héliopolis; comme il n'a écrit que sous
Ptolémée Philadelphe, deux cents ans
après la dévastation de l'Egypte par Cambyse, il ne lui étoit resté que des mémoires très-imparfaits. J'en ai découvert,
par des moyens que je ne puis pas dire,
de plus amples et de mieux conservés,
qui donnent au premier des trois anony-
mes de Manéthon le nom de *Séthos*, et
le surnom de *Sosis* ou Conservateur, on
en verra la raison dans la suite de sa vie.

La naissance du nouveau prince com-
bla de joie tout le royaume, par l'amour

(1) Voyez les origines égyptiennes de Perizonius,
p. 47, sous la colonne *ex Africano*, avec la page 38,
qui précède, et la page 49 qui suit; où Manéthon est
allégué comme le premier auteur des suites d'Afri-
canus et d'Eusèbe.

que les peuples avoient pour le roi, et
sur-tout pour la reine, qui bien que
dans une grande jeunesse les gouvernoit
avec une sagesse et une bonté admirables.
Car Osoroth, dont il seroit difficile de
représenter le caractère dans un seul portrait, et que l'on ne connoîtra bien qu'à
la fin de cette histoire, remit d'abord
tout le soin du gouvernement à la reine.
Ce prince n'étoit parvenu à la couronne
qu'à l'âge de cinquante ans, et le roi Se-
sonchis son père, plus jaloux de son autorité présente qu'attentif à l'avantage
futur de son fils et de ses peuples, l'avoit
éloigné des affaires jusqu'au moment où
il le laissa son successeur. Ainsi Osoroth
ayant fortifié l'indolence de son naturel
par l'habitude d'une vie molle et paresseuse, n'accepta de la royauté que la
douceur de l'indépendance, et chercha
à se débarrasser du poids de la domination. Cette partie tomba pour ainsi dire
d'elle-même entre les mains de la reine,
plus à portée qu'aucun autre de la recevoir; et ce qui pouvoit paroître aux yeux
du public un choix éclairé, n'étoit réellement qu'un effet de l'indifférence d'O-
soroth. Il étoit de ces rois qui, n'étant

par eux-mêmes ni bons ni mauvais, deviennent les meilleurs ou les plus mauvais de tous les princes, selon que le pur
hasard leur fournit de bons ou de mauvais administrateurs de l'autorité royale :
Triste situation pour des peuples soumis
à un maître dont les foiblesses même
sont despotiques!

Nephté, dès les premiers jours de sa
puissance, avoit fait espérer à ses peuples
un gouvernement très-doux. Ils y furent
d'autant plus sensibles que celui du feu
roi, grand prince d'ailleurs, avoit eu
quelque chose de dur et de triste. Les
esprits s'étoient sentis soulagés, avant
même que la reine eût adouci les charges publiques; parce que sans diminuer
les revenus du roi, elle trouva moyen
d'en rendre la perception plus aisée. Les
richesses même des particuliers s'accru-
rent par la confiance qu'ils prirent en
elle, et les uns à l'égard des autres. Elle
elevoit en même-temps son fils unique
avec toute l'affection d'une mère, et toute
la prévoyance d'une reine. Elle souhaitoit ardemment de le voir parvenu à un
âge où elle pût lui remettre à son tour
le gouvernement qu'elle ne regardoit que

comme un dépôt. En attendant elle se servoit, pour la conduite des affaires, des lumières d'un excellent homme nommé Amédès, qui avoit passé sous le feu roi, non par toutes les dignités dont on peut être revêtu, mais par toutes les commissions de confiance dont on peut être chargé, soit dans la guerre, soit dans les négociations, soit dans l'intérieur d'un royaume. Il conseilla lui-même à la reine, comme il l'avoit demandé au feu roi, de ne point manifester au public l'honneur qu'elle lui faisoit, de peur d'exciter la jalousie des grands, et le murmure immanquable du peuple contre les ministres les plus zélés pour la félicité publique. Ainsi la reine gardant Amédès pour le conseil secret et sous un titre peu éclatant, choisissoit d'ailleurs les meilleurs sujets parmi ceux que les différens degrés de leur naissance sembloient présenter pour chacune des places qu'il falloit remplir. Par là l'autorité souveraine s'employoit à distinguer le mérite sans renverser l'ordre; et les mécontens ne faisoient qu'un petit nombre de gens qui n'osoient même s'échapper à des plaintes que la voix publique n'auroit point soutenues.

Tandis que la reine se donnoit toute
entière aux affaires de l'état, le roi se
livroit à tous les amusemens d'une cour
brillante. Mais comme ils ne succédoient
jamais à des occupations sérieuses, ils ne
le sauvoient qu'à peine de l'ennui, et
laissoient voir dans le roi d'un grand peuple un homme à qui son loisir étoit à
charge. Parmi les femmes qui l'environnoient, il y en avoit une appelée Daluca, veuve d'un grand seigneur de la
cour, et sans enfans. Elle avoit passé l'âge
où les femmes ne prennent soin de leur
beauté que par rapport à la galanterie;
et elle entroit dans celui où elles songent
à en faire servir les restes à leur ambition. Celle-ci forma le projet de se rendre
maîtresse de l'esprit du roi. L'estime et
les égards que l'on avoit pour la reine
avoient éloigné toutes les autres d'un pareil dessein. Daluca même qui connoissoit parfaitement le génie d'Osoroth, se
gardoit bien de lui rien dire contre
Nephté qui pût exciter dans son esprit une
agitation désagréable. Elle se contentoit
de l'obséder; et elle se fit un art de plaire
par les attentions et les complaisances,
bien plus puissantes sur les rois un peu

avancés en âge, que la jeunesse et la
beauté dénuées de conduite et de vues.
Ainsi il ne lui fut pas difficile de gagner
les bonnes graces d'un prince qui ne se
défendoit de rien. Elle avoit peut-être
déjà conçu de plus hautes espérances sur
ce qu'elle avoit pu s'apercevoir que la santé
de la reine n'étoit pas forte. Mais sans re-
noncer à une fortune plus éloignée, il suffisoit alors à sa vanité d'être un objet re-
marquable pour les courtisans, et de
représenter en quelque sorte avec la
reine.

Nephté, par la dignité de sa personne,
et par la situation même des choses, étoit
fort au-dessus des inquiétudes qui agitent
ordinairement ceux qui ne se sentent revêtus que d'un pouvoir emprunté. Ainsi
quoiqu'elle eût bientôt aperçu les entreprises et les intrigues de sa rivale, elle
n'en craignit pour elle-même aucun mauvais succès; mais sa prévoyance l'allar-
moit pour son fils. Il n'avoit encore que
huit ans, et elle voyoit avec douleur que
si elle venoit à lui manquer, avant que
son père l'eût affermi dans la succession
de sa couronne, le sort de ce jeune prince
seroit livré à la téméraire Dalyca. Les al-

nés étoient en Egypte les héritiers naturels du trône : mais le choix du père étoit
d'un grand poids ; et l'histoire fournissoit
plus d'un exemple de la préférence d'un
second ou d'un troisième fils au premier.
Quelquefois même cette incertitude avoit
fait naître entre les frères des querelles,
dont le sort des armes avoit seul décidé.
Ainsi, bien que la reine n'eût alors aucun pressentiment de maladie, la pensée
d'un avenir douteux la jeta dans l'inquié-
tude. C'est pourquoi, recommandant son
fils par les prêtres à toutes les divinités de
l'Egypte, elle s'appliqua encore plus forment à remplir ses devoirs, pour enga-
ger le ciel à seconder des intentions aussi
légitimes que les siennes. Mais la vraie
récompense des bons n'est que dans le sein
des dieux qui ne les favorisent pas toujours dans le cours de cette vie mortelle.

Les applications continuelles de la reine, un travail qui passoit les forces de son
tempérament, peut-être même la trop
grande crainte de tomber malade, lui
causèrent au bout de quelque temps une
indisposition légère d'abord, et qu'elle
dissimula pendant les premiers jours, dans
l'espérance de la surmonter : mais la fièvre

se rendant plus forte , la maladie fut bientôt regardée comme sérieuse. L'image qu'elle se fit alors de l'état de son fils la jeta dans la dernière désolation. Ah! malheureuse, disoit-elle, tout ce que j'appréhendois va m'arriver. Pourquoi faut-il que je sois nécessaire à mon fils? Quoiqu'à la fleur de mon âge, je connois assez les amertumes de la vie pour la quitter sans regret, s'il ne s'agissoit que de moi : mais, hélas! c'est moi qui meurs , et c'est moi qui pleure mon fils. Ces paroles étoient suivies d'un torrent de larmes qui aigrissoient son mal , sans soulager son affliction. En vain ses femmes éplorées qui avoient soin de soustraire le jeune prince à sa vue, tâchoient de l'appaiser par leurs discours et par leurs prières : ah! je conçois, disoit-elle, par l'embarras de vos discours , et par la dureté avec laquelle vous me cachez mon fils, que je suis déjà condamnée et qu'il n'y a point de guérison à espérer pour moi. Aussitôt son agitation devenant plus vive : mon fils, mon cher fils, s'écrioit-elle, que tu me rends la mort terrible! la mort qui met fin à toutes les peines commence les miennes, et je ne jouirai pas même de la paix du tom beau. Eh! madame, lui dit alors la plus respectable de toutes les femmes, que la naissance, la vertu et le zèle attachoient à elle, à quoi pensez-vous? Ne voyez-vous pas que vous abandonnant, comme vous faites, à l'excès de vos regrets, vous rendez mortelle une maladie qui n'est que dangereuse? mais, ce qui est encore plus condamnable, vous offensez la providence des dieux souverains arbitres de votre destinée et de celle de votre fils. La vertu, madame, dont vous avez fait profession jusqu'à ce jour, n'est parfaitement reconnoissable, que lorsqu'elle s'exerce dans des occasions difficiles comme celle-ci. Hé bien, dit la reine, j'accepte vos avis, et je me soumets absolument à la volonté des dieux. Avertissez-moi seulement quand j'approcherai de mon terme, afin que je prenne les dernières mesures à l'égard de mon fils, dont il me semble que la fortune réglera celle de l'état. Cette femme dont l'amitié étoit solide et courageuse, ayant promis à la reine ce qu'elle demandoit, Nephté fit dès ce moment un puissant effort sur elle-même, pour mettre ses sens dans un calme dont ils ne sortirent plus, mais qui accabloit le fond de son ame d'un nouveau poids.

· Cependant les plus grands médecins du royaume, qui en Egypte étoient du collège des prêtres, s'étoient déjà assemblé dans le palais, par l'ordre même du roi; quoique pour se dispenser de l'affliction, il supposât toujours que la maladie de la reine étoit peu de chose. L'Egypte, mère des sciences et des arts, prétendoit sur tout avoir donné naissance à la médecine. Esculape, un des fils de Ménès, avoir régné à Memphis même, comme nous l'avons déjà dit, pendant que son frère Mercure régnoit à Thèbes; et les six volumes (1) que le premier avoit composé sur la médecine, joints aux trente-six autres, où Mercure avoit donné les principes de toutes les autres connoissances, formoient ce fameux trésor de doctrine où les prêtres se vantoient d'être instruit par les dieux même. Quoi qu'il en soit, ces médecins véritablement consommé dans leur art, employoient à l'égard de la reine tout ce que pouvoient leur suggérer leurs lectures, leurs réflexions et leur expérience. Ils la traitèrent d'abord

(1) *Clém. Alex. Strom. 6.*

suivant les anciennes règles, qui leur étoient prescrites sous peine de la vie : car tout médecin qui s'en écartoit répondoit de son malade ; et en cas de mauvais succès, la mort de l'un entraînoit sûrement la mort de l'autre. C'étoit-là, pour dire le vrai, un prétexte de traiter quelquefois légèrement et à la seule lettre de la loi les malades qui leur étoient indifférens : mais l'intérêt vif dont ils étoient touchés pour la conservation d'une reine telle que Nephté, et les gémissemens de tout un peuple qui leur recommandoit leur souveraine qu'ils appeloient leur mère, les engagèrent bientôt à chercher quelques nouveaux remèdes. Ils les déguisoient à la vérité sous d'anciens noms, ou ils trouvoient moyen de les autoriser par quelques-uns des exemples innombrables dont leurs livres étoient remplis. Ils se tenoient même tour à tour à la porte du palais, pour écouter tous ceux qui auroient des avis à proposer pour la guérison de la reine. Ils en jugeoient ensuite dans leurs consultations particulières. Mais il étoit important pour eux dans une occasion si délicate de suivre du moins en partie une ancienne coutume, selon laquelle plusieurs mettoient leurs malades devant la porte de leurs maisons ; pour s'informer des passans s'ils avoient quelques remèdes contre la maladie dont il s'agissoit.

D'un autre côté, les temples des dieux étoient ouverts jour et nuit à l'affluence des peuples qui alloient sans cesse de l'un à l'autre demander la santé de la reine (1). On commençoit par le temple de Vulcain, bâti par Ménès, l'aïeul commun des rois de toute l'Egypte, et qui étoit entretenu depuis seize cents ans dans toute la splendeur, où son fondateur l'avoit mis. On passoit de là à ceux de Sérapis et de Vénus. Mais on s'arrêtoit plus long-temps dans le temple des trois divinités, Osiris, son épouse Isis, et leur fils Horus, à cause du rapport sensible de ces divinités avec les personnes dont la famille royale étoit alors composée. Les flots successifs du peuple innombrable de Memphis remplissoient continuellement le parvis du temple, le vestibule, la nef, et les environs du sanctuaire, quelque grande que fût l'étendue de toutes ces parties.

_____

(1) *Strab. l.* 17. *Herod. l.* 2.

Dans le milieu du sanctuaire les trois divinités sur un piédestal très-élevé, et le tout d'un seul jet de fonte, étoient posées de manière qu'Osiris, dont la figure étoit la plus haute, tenoit devant lui Isis (1) qui tenoit de même le jeune Horus devant elle. Car ce que Strabon dit des temples de l'Egypte, vides de statues, et n'ayant au plus qu'une figure d'animal dans le milieu, ne doit pas s'entendre des temps antérieurs à l'invasion de Cambyse. Osiris avoit un soleil autour de sa tète, Isis couronnée d'un boisseau, étoit couverte d'un voile jusques vers le bas du visage. Elle portoit sous le bras gauche une urne penchée, et avoit l'oiseau Ibis à ses pieds. Horus tenoit le doigt sur sa bouche. Là de grands chœurs chantoient en musique lente, et dans le ton destiné à la tristesse, des hymnes tirés des rites anciens, et accommodés à la nécessité présente.

(2) Osiris fils du temps où commença le monde,
Conquérant bienfaiteur de la terre et de l'onde,

(1) Vid. *Kirch. tom.* 1, *p.* 113.
(2) *Ceci est conforme aux inscriptions des colonnes d'Osiris et d'Isis*, dont parlent Diodore, l, 1. Apulée Metam. l. 11, *et autres.*

Rejeton de nos dieux, et souche de nos rois,
Epoux d'Isis ; sauvez d'un arrêt trop sévère
L'épouse, le conseil d'un roi qui vous révère,
    L'appui du trône et de vos lois.

Isis, ô vous, déesse unique, universelle,
Que le mystère cache et le bienfait décèle,
Même divinité sous cent noms, en tous lieux,
Souveraine des bords, où croit et se resserre
Cette eau, source de vie et vrai sang de la terre
    Que votre urne verse des cieux.

Isis, de notre reine origine et modèle ;
Si, comme à votre culte, à vos vertus fidèle,
Elle a su rappeler votre règne à Memphis,
Laissez à tant de pleurs remporter la victoire.
En défendant Nephté, défendez votre gloire,
    Son époux, son peuple, et son fils.

Horus, dieu du Silence acquis par la sagesse,
Vous, qu'on dit protéger l'innocente foiblesse
De tout être qui tend à sa maturité ;
Au prince encore enfant, votre sang, votre image,
Conservez un secours qu'à vous même à son âge
    Votre mère Isis a prêté.

Cet hymne, et d'autres semblables,
se répétoient pendant les sacrifices que
les prêtres, en robes de lin, avec des cou-
ronnes de lotos sur leur tête rasée, et une
chaussure faite de la plante de Papyrus,
offroient continuellement sur trois autels
triangulaires, posés au-devant de la triple
statue. Ces hommes exténués par un jeûne
effroyable, qui avoit commencé avec la
maladie de la reine, et par des flagella-

tions sanglantes dont ils accompagnoient leurs invocations, ne suffisoient qu'à peine, quelque nombreux qu'ils fussent, à toutes les prières que le peuple exigeoit d'eux, ou qu'ils faisoient de leur propre mouvement.

Mais que servent les temples, et tous les vœux que l'on y fait, contre les décrets portés par les dieux? La reine, en vain docile à toutes les ordonnances des médecins, baissoit de jour en jour. Les remèdes les plus puissans qu'on lui donnoit avant même qu'elle fût à l'extrémité, pour profiter des forces qui lui restoient, sembloient n'être pour elle que des remèdes communs : et les médecins qui auroient moins appréhendé des accidens extraordinaires que le déclin insensible qu'ils apercevoient en elle, ne laissoient jamais échapper une parole d'espérance. La reine donc, se condamnant elle-même, résolut enfin d'envoyer consulter pour son fils le plus ancien oracle du monde, qui se trouvoit dans le voisinage de Memphis. C'étoit celui de Latone, nourrice d'Horus, à Butos, ville située entre le Golfe Sebennitique et le Bolbitinique, vis-à-vis de laquelle étoit l'île de Chemmis, alors flottante (1). C'est ce qui a donné aux Grecs l'idée de leur île de Délos, flottante jusqu'à la naissance de son Apollon, fils de Latone. Les prêtres de l'Oracle instruits de la maladie de la reine, avoient déjà prévenu sa députation, et fait de grands préparatifs pour obtenir la réponse de la déesse. Ils l'invoquoient dans un temple très-vaste, creusé sous celui qui paroissoit au-dehors. Mais au lieu que dans les temples extérieurs les sacrifices et les cérémonies se faisoient à la vue de tout le peuple, les seuls initiés étoient admis aux mystères qu'on célébroit dans les souterrains. C'est là qu'on avoit égorgé tant de victimes humaines, surtout dans des occasions pareilles à celle-ci, et pour inviter les dieux à recevoir de jeunes personnes en échange d'un prince ou d'une princesse, qu'on vouloit sauver. Il y a peu de nations connues qui n'aient à se reprocher cette honteuse barbarie. Mais les Egyptiens, plus superstitieux encore que tous les autres peuples, l'ont poussée autrefois jusqu'à sacrifier tous les étrangers sur le tombeau d'Osiris, dans la ville d'Hé-

_____

(1) *Pomp. Mela.*

liopolis. Ce tombeau s'appeloit Busiris ;
et la fable en a fait un roi d'Egypte vio-
lateur de l'hospitalité. Cependant Amo-
sis (1) ancien aïeul de Sésostris à Thèbes,
avoit eu le courage et le crédit d'abolir
dans toutes les villes cette sanglante coutume. Ou substitua pour lors aux victimes
humaines des figures de cire, dont les
superstitions magiques ont fait depuis un
si grand usage.

Les prêtres députés pour l'Oracle étant
arrivés en un jour à Butos avec les offrandes magnifiques, dont la reine les
avoit chargés, entrèrent dès le soir même
dans le temple. Tout le peuple les ayant
conduits jusques-là, on ferma les portes
sur eux; et ils attendirent l'Oracle dans
l'endroit qui répondoit à cette chapelle du
temple supérieur, dont parle Hérodote,
laquelle étoit faite d'une seule pierre
carrée, et dont l'intérieur avoit soixante
pieds en tout sens. Après avoir passé dans
ce lieu une grande partie de la nuit, ils
en sortirent secrètement par une autre
porte, et se hâtèrent de retourner à
Memphis.

---

(1) *Euseb. Præpar. Evang. l. 4, c. 16, ex Porph.*

La reine qui comptoit tous les momens de leur voyage et de sa vie, les attendoit avec une impatience qui augmentoit l'ardeur de sa fièvre. Le trouble qui l'avoit agitée dans les premiers jours de sa maladie, et qu'elle continuoit de surmonter, étoit passé dans les femmes qui l'environnoient. L'arrêt de sa mort, qu'elles regardoient toutes comme prononcé, et les suites qu'elles en prévoyoient pour leur situation et pour celle de l'état, leur causoient une douleur inexprimable. Ce n'étoit point cette affliction tendre qui naît de la séparation prochaine et éternelle d'une maîtresse et d'une amie à laquelle on s'est uniquement attaché : on croyoit voir en elles la désolation d'une famille que l'incendie de la maison qu'elle habite, et où toute sa fortune est renfermée, va faire passer d'un état paisible à l'indigence ; ou la consternation d'une ville pressée par un ennemi barbare, qui va détruire sa religion et ses lois. On remarquoit sur leur visage une douleur de désespoir, qui rendoit affreuses les plus belles, et une aliénation d'esprit, que les plus fermes portoient jusques dans les services qu'elles rendoient à la reine, qui gardoit toujours un profond silence.

Enfin, les députés arrivèrent, et ayant pris avec eux le jeune prince, et le fidèle Amédès, qu'ils trouvèrent auprès de lui, ils entrèrent dans la chambre de la reine. Là en présence de l'un et de l'autre, et de la principale de ses femmes, sans autres témoins, le chef de la députation lui rapporta ainsi l'oracle, que la suite de la vie de Séthos fera trouver si juste, qu'on soupçonnera peut-être les auteurs de mes mémoires de l'avoir fait après coup. Vertueuse épouse, généreuse mère, sage reine ; les dieux contraires et favorables vous envoient cette réponse : consolez-vous de la mort à laquelle vous êtes déjà préparée. Elle n'est malheureuse que lorsqu'elle termine une vie criminelle, et qu'elle laisse sur la mémoire de la personne morte la haine et les malédictions des survivans. Les dieux vous attendent pour vous donner la récompense due aux bonnes actions que vous avez faites, et à celles même que vous avez voulu faire. Vous vivrez dans le cœur de vos peuples, auxquels votre fils rendra un jour la félicité que votre perte va suspendre. Il ne sera pourtant pas heureux lui-même, selon l'idée que les ames communes se forment de la prospérité des princes. Mais les dieux lui promettent tout ce que la vertu héroïque a de plus satisfaisant par elle-même, et tout ce que la gloire qui la suit a de plus flatteur. Né pour l'avantage des autres hommes, il sera bienfaiteur des Nations, conservateur de l'Egypte, et vainqueur de lui-même. Mais que ceux qui m'écoutent gardent un secret inviolable sur ce qui concerne le prince, et laissent passer le nuage qui couvrira sa première jeunesse.

A peine le prêtre eut-il cessé de parler, que la reine, embrassant le jeune Séthos, lui dit : Mon fils, je meurs trop contente ; les dieux ne vous enlèvent mon secours que pour donner plus de mérite et plus d'éclat aux grandes actions qu'ils vous feront faire. Soyez fidèle à la destinée qu'ils vous préparent, et remplissez tous leurs desseins. S'adressant ensuite aux prêtres : Retournez dans vos temples, leur dit-elle, et continuez vos vœux pour mon fils, que je vous ai recommandé depuis long-temps. Je vais faire marcher sur vos pas les présens que je destine aux dieux, s'ils daignent accepter ces foibles

marques de ma reconnoissance. C'étoient
tous les ornemens d'une chapelle domestique qu'elle s'étoit fait construire à côté
de la chambre où elle couchoit. Elle les
avoit apportés de This, lieu de sa naissance, où la nouvelle de sa mort prématurée alloit bientôt terminer les jours du
roi son père. Il y avoit parmi ces ornemens des statues d'or, quelques-unes d'une
coudée de haut, qui représentoient les
divinités communes de toute l'Egypte,
et surtout Apollon qu'on adoroit particulièrement à This et à Abydus qui en dépendoit. Ayant ainsi envoyé aux dieux
devant elle ce qu'elle avoit de plus cher,
elle se tourna vers Amédès et lui tint ce
discours : Sage et fidèle confident, le
royaume ne sauroit se flatter de vous avoir
pour soutien dans le ministère qui suivra
ma mort ; donnez-vous à mon fils, et
soyez son gouverneur et son conseil : les
dieux me font croire que les vertus qu'ils
lui promettent sont attachées à vos leçons
et à vos exemples. Aussitôt Amédès, embrassant respectueusement le jeune Séthos : Mon prince, lui dit-il, je vous con-
sacre ce qui me reste de force et de vie ;
tous les services que je pourrois rendre à

ma patrie sont renfermés dans l'éducation que j'aurai l'honneur de donner à
celui qui doit en être le maître.

Dans ce moment on vit entrer le roi
qui pour ne point manquer à ses devoirs,
s'étoit fait une règle de visiter la reine
deux fois par-jour. Seigneur, lui dit-elle
en l'apercevant, l'oracle m'a condamnée.
Il n'est pas convenable de recommander
un fils à son père : mais enfin puisqu'il
me perd, j'ose vous prier de lui tenir lieu
de père et de mère. Madame, dit le roi,
mon fils m'est cher par rapport à moi, et
me le sera encore davantage par rapport
à vous ; mais je ne désespère pas encore
de fléchir les dieux sur votre propre conservation : et il sortit, en mettant la main
sur ses yeux.

La reine distribua ensuite des pierreries à toutes ses femmes, à proportion de
leur naissance et de leur rang. La sérénité qui régnoit sur son visage avoit changé
leur désespoir en de douces larmes. Enfin, revenant au jeune prince : pour vous,
mon fils, lui dit-elle, voici ce que je vous
ai réservé. Cette cassette renferme en pierreries des richesses inestimables, qui
peuvent vous soutenir en quelque état que

la fortune vous réduise. Amédès vous les gardera, ou s'en servira, comme votre tuteur. Mais ne vous défaites jamais de cette émeraude montée en cœur, que je vous ai fait porter au cou jusqu'à présent, et dont vous vous ferez une bague en quittant les habits de l'enfance. Il y a quatre ans que votre père nous fit représenter en relief tous trois sur la même pierre : lui en Osiris, moi en Isis, et vous en Horus, placé entre lui et moi. L'habile graveur coupa ensuite par son ordre cette pierre en trois fragmens, suivant la grandeur des figures. Vous portez l'un, voici l'autre qui est ma bague que j'ôte de mon doigt, et que je mets dans votre cassette. Ces deux fragmens, tirés de leur monture, se rapporteront à celui que votre père porte lui-même à son doigt. Allez mon fils, que les dieux vous protègent et me reçoivent. Séthos, pénétré de tous les sentimens dont son âge étoit susceptible, lui dit : Madame, je reçois ce que vous me donnez ; j'ai bien écouté ce que vous m'avez dit ; et quand je serai plus avancé en âge, je tâcherai de faire comme vous avez fait. La reine lui serra la main, et fit signe qu'on l'emmenât. Elle ne parla plus; et une heure après elle rendit l'esprit.

Je n'entreprends point de représenter la désolation de Memphis et de toutes les provinces du royaume, à mesure que cette nouvelle y parvenoit. On en peut prendre quelque idée sur les larmes qu'avoit déjà fait verser la seule crainte qu'on en avoit eue (1). Les Egyptiens, dans les premiers temps, étoient fort attachés à leurs souverains, et le deuil de la maison royale étoit ordinairement pour chaque famille un deuil domestique. Ils le témoignoient pendant quarante jours en public, par des habits déchirés, et dans leur particulier par des abstinences rigoureuses. Mais cette dernière perte, dont chacun craignoit pour soi les conséquences, répandoit par-tout une douleur immodérée et un trouble qui alloit jusqu'à l'excès: de sorte que les prêtres qui, dans de semblables occasions autorisoient l'affliction publique pour faire honneur à la mémoire des rois décédés, se croyoient obligés dans celle-ci de calmer les esprits et les cœurs,

_____

(1) *Diodore*, *l.* 1.

pour conserver la décence qui convenoit, disoient-ils, à une nation policée, et pour faire rendre aux mânes de la reine un hommage plus convenable à ses vertus. Ils faisoient entendre qu'elle étoit morte en paix, et que les oracles l'avoient rassurée sur la destinée de son fils et sur celle de ses peuples. Ils alléguoient l'état de repos et de bonheur où l'on pouvoit si légitimement espérer que les dieux l'admettroient à ses obsèques prochaines. Ils tâchoient enfin, par toutes sortes de consolations, d'adoucir une plaie que le temps seul pouvoit guérir, et qu'on craignoit que le temps ne rendît encore plus sensible.

On faisoit cependant les préparatifs de la pompe funèbre. Aucun peuple n'a approché des Egyptiens en cette partie. Leurs auteurs, et même les nôtres (1), disent qu'ils ont connu les premiers l'immortalité de l'ame. Et à vrai dire, il paroît par la simplicité de leurs palais, comparée à la magnificence de leurs tombeaux, qu'ils s'occupoient plus du séjour éternel de l'autre vie, que des maisons

(1) *Herodote*, *l.* 2.

de passage qu'on habite dans celle-ci. Il
faut pourtant avouer que leur doctrine
n'étoit pas bien démêlée sur ce point.
Car sans parler de la métempsychose que
Pythagore est allé prendre chez eux, et
qui faisoit passer une ame d'animaux en
animaux, jusqu'à ce qu'elle rentràt dans
un corps humain, au bout de trois mille
ans, les plus sensés admettoient dans les
enfers un lieu de peinés pour les ames
des méchans, et des prairies délicieuses
pour celles des gens de bien. Ainsi, l'une
et l'autre opinion, ou le mélange, quel
qu'il fût, de l'une et de l'autre, ne laissoit dans ces tombeaux si magnifiques que
le cadavre qui n'est rien moins qu'éternel, mais qui pourtant, par l'art qu'ils
avoient de l'embaumer, duroit encore
plus long-temps que le tombeau même.

Tous ceux qui étoient destinés à cette
dernière fonction, s'étoient déjà chargés
du corps de la reine (1). C'étoient des
officiers du second ordre, très-respectés
dans l'Egypte, par la communication
qu'ils avoient des secrets du sacerdoce,
quoiqu'ils ne fussent que domestiques des

_____

(1) *Diodore*, *lib.* 1, *sect.* 2.

prêtres. L'opération duroit trente jours.
Ayant tiré du corps, par une ouverture
latérale qu'ils y avoient faite, tous les vis-
cères, excepté le cœur et les reins, ils
l'oignoient en dehors et en dedans avec
de la gomme de cèdre, de la myrrhe, du
cinnamome et d'autres parfums, qui non
seulement le conservoient pendant plusieurs siècles, mais encore lui faisoient
répandre une odeur très-suave. Ils avoient
enfin le secret de lui rendre sa première
forme, de manière que le mort sembloit
avoir gardé l'air de son visage et le port
de sa personne. Ses cheveux et les poils
même de ses sourcils et de ses paupières
étoient démélés ; et ce qu'il y a de plus
surprenant, ils lui redonnoient une apparence d'embonpoint, et les couleurs les
plus fraîches et les plus naturelles qu'il
eût eues en toute sa vie. Quelques particuliers aimoient mieux conserver dans
des cabinets faits exprès, leurs parens
ainsi embaumés, que de les déposer dans
des sépulcres déjà faits, ou de leur en
faire construire de nouveaux ; et ils trouvoient une satisfaction singulière à voir
leurs ancêtres avec la même physiono-

mie et la même attitude que s'ils étoient encore vivans.

Mais on n'étoit pas dans cet usage à l'égard des rois ; et lorsqu'ils n'avoient pas désigné eux-mêmes leurs tombeaux, on les portoit tous, de quelque dynastie qu'ils fussent, au labyrinthe situé au midi du lac Mœris du côté de la Libye. Cet édifice qui passoit en magnificence tous les ouvrages de la Grèce mis ensemble, selon le témoignage des Grecs même, n'avoit pas été construit, comme l'a cru Hérodote, par les douze rois qui régnèrent en même temps, après la retraite de Sabacon l'Éthiopien. Car celui-ci ne se rendit maître de l'Egypte que deux ou trois cents ans avant l'invasion de Cambyse ; au lieu que le labyrinthe étoit beaucoup plus ancien que Sésostris même, et avoit été élevé lorsque l'Egypte n'étoit encore divisée qu'en douze nomes. Les rois des quatre dynasties, étant tous en paix, avoient tous contribué à cet ouvrage mémorable, dont ils avoient dédié la partie supérieure au soleil, et la souterraine aux dieux infernaux. C'est ce qui a donné lieu à (1) Homère d'appeler l'en-

_____

(1) *Odys.* 34.

rée des enfers les portes du soleil. Les douze palais immenses qu'il renfermoit, représentoient suivant leur intention toute l'Egypte. C'est pour cela qu'ils y avoient tous marqué leur sépulture et celle de leurs successeurs dans les souterrains. Mais l'imagination des peuples, soutenue par les cérémonies que faisoient les prêtres, avant que d'introduire le corps dans ces ombres demeures où peu de vivans étoient entrés, avoit beaucoup ajouté à ce qu'il y avoit de réel. C'étoit un point de religion de croire que les détours innombrables dont on leur disoit, comme il étoit vrai, que ces souterrains étoient remplis, conduisoient les bons rois dans un séjour délicieux; au lieu que l'entrée même du labyrinthe étoit interdite aux tyrans. En effet, dès que le corps étoit arrivé aux bords d'un lac nommé Caron, qu'il falloit traverser pour parvenir à la porte des dieux infernaux, un sénat incorruptible, composé de seize prêtres du labyrinthe sans compter leur chef, et de deux juges choisis dans chacun des douze nomes anciens, arrêtoit le mort. Là, après avoir écouté le discours du chef des prêtres qui conduisoit le roi défunt, le

chef du sénat permettoit à tous les assis-
tans de faire contre le mort des accusa-
tions prouvées. La sentence le faisoit admettre dans la barque par le nautonnier
qu'ils appeloient aussi Caron en leur langue, ou le privoit de la sépulture. Ce jugement se faisoit par voie de scrutin, c'est-
à-dire par des billets que les juges laissoient tomber dans cette urne terrible
dont la seule idée m'intenoit les anciens
rois dans l'observation de la justice.

Au reste, dans quelque tombeau que
les rois et même les particuliers fussent
portés, il falloit (1) toujours subir un
examen devant des juges qui étoient toujours des hommes de la plus grande réputation de probité. On ne pouvoit les
prendre que parmi les initiés; et le choix
s'en faisoit à chaque fois par des gens
tirés de toutes les classes des citoyens
d'une ville, s'il s'agissoit d'un particulier,
ou des sujets d'un royaume s'il s'agissoit
d'un souverain : et les billets dans lesquels
les noms des juges étoient écrits, s'ou-
vroient et se comptoient devant tout le

_____

(1) *Diodore*, lib. 1, sect. 2.

onde. Mais à l'égard des rois que l'on
ortoit au labyrinthe, toute l'Egypte, sui-
nt la distribution des douze anciens
omes, entroit dans le choix des juges.
t de plus ce n'étoit qu'au labyrinthe qu'on
isoit ce grand nombre d'autres cérémo-
es, d'où le poëte Orphée, que nous
errons bientôt en Egypte, et qui en fut
moin à l'occasion d'un autre roi, a tiré
plus grande partie de la description de
enfer, telle qu'il l'a donnée dans ses
ers, et qu'elle a été suivie par Homère
hez les Grecs, et par Virgile chez les
atins.

Le quarantième jour depuis le décès
e la reine étant arrivé, tout le monde
e trouva disposé pour le départ du con-
oi. Les quarante lieues de distance de
Memphis au labyrinthe devoient se faire
ans une marche de dix jours et de dix
uits en comptant les pauses qui étoient
outes réglées. On avoit placé sous le ves-
ibule du palais fermé au jour et éclairé
e lampes, un grand char à quatre roues
out revêtu d'or. Sur le derrière du char
étoit un trône à trois marches, surmonté
d'une grande couronne d'or chargée de
pierreries et portée par un sphynx de

même métal, qui en posoit le bord su
sa tête, et qui avoit de grandes aile
éployées. Du haut de la couronne de
cendoit à grand plis entre les ailes d
sphynx une étoffe de pourpre en form
de pavillon chargé d'hiéroglyphes relev
en or, qui représentoient toutes les vertu
Les deux bouts du pavillon venoient s
croiser sur le devant du char. Il avo
deux timons où étoient attelés quat
chevaux de front précédés de trois autr
rangs de volée, ce qui faisoit en tou
seize chevaux. Ils étoient tous superbe
ment enharnachés comme en un jour d
triomphe. Mais rien n'égaloit la riches
et l'élégance de l'habillement de la rein
On la posa sur son trône, assise et atta
chée par des cordons avec tant d'art qu'i
n'étoit point de secousse qui pût lui don
ner aucun mouvement de corps inanimé
Outre cela toute la machine étoit sus
pendue entre ses brancards de manièr
qu'elle ne pouvoit jamais perdre le ni
veau; et d'ailleurs les chemins déjà très
beaux en Egypte avoient été préparés ex
près pour ce voyage. En un mot ce cha
semble avoir servi de modèle à celui dan
lequel on transporta depuis Alexandr

ort, de Babylone à Alexandrie (1). La rei-
qui avoit le visage et le sein découverts,
ais les yeux fermés, sembloit jouir d'un
oux sommeil dans le bruit du convoi qui
arrangeoit aux sons redoublés des trom-
ettes et des timbales. Quels sentimens
renouvelèrent alors dans le cœur de
outes les personnes qui l'avoient aimée,
qui l'avoient perdue de vue depuis sa
ort, ou depuis sa maladie : on la voyoit,
n lui parloit même, elle n'étoit plus.
Ceux qui lui avoient été le plus attachés
vitoient long-temps de rencontrer son
isage pour demeurer un peu plus maîtres
e leur douleur; et surmontés ensuite
ar leur curiosité et par leur tendresse
s jetoient les yeux sur elle, et retrou-
ant tous ses traits et toutes ses grâces,
s se détournoient aussitôt pour fondre
n larmes.

Cependant la maison de la reine com-
osée de six mille chevaux avoit déjà pris
es devants, comme laissant désormais
ux prêtres la garde de sa personne.
Ces officiers marchoient quatre à quatre
t leurs armes renversées. Tous les ins-

_____

(1) *Diodore*, *lib.* 18.

trumens militaires, qui jouoient d'un son
lugubre, mêlés d'intervalles de silence
exactement mesurés, portoient le frémis-
sement jusqu'au fond de l'ame. Les corps
de la ville de Memphis, distingués par
les habits qui leur étoient propres, mais
ayant par-dessus une gaze noire, suivoient ces premiers à cheval comme eux:
Et dans ce nombre de gens qui faisoit
déjà douze mille personnes, ils ne se pro-
nonçoit pas durant toute la marche une
seule parole. Les grands officiers de la
cour et les princes après eux, excepté le
roi et l'héritier présomptif de la couronne, qui n'alloient jamais, du moins publiquement, aux funérailles, marchoient
ensuite quatre à quatre comme les précédens, enveloppés de robes violettes, assis
dans des espèces de niches couvertes de
noir, posées sur des brancards, les marques
de leurs dignités à leurs pieds, et portés
chacun sur les épaules de huit esclaves.
Ces trois nombreuses troupes s'étoient
mises en marche pendant le jour; et à
l'entrée de la nuit on vit paroître les femmes qui faisoient la partie la plus lugubre
du convoi. Elles montèrent quatre à quatre dans soixante chars couverts par-des-

sus, et découverts par les côtés attelés chacun de huit chevaux deux à deux. Les chevaux et les chars même étoient presque ensevelis sous des étoffes de soie noire semées de larmes d'argent. Ces femmes absolument voilées ne ressembloient qu'à des ombres ; et la première dame de la reine, dans le char qui marchoit le dernier, tenoit entre ses genoux un enfant qui étant habillé et voilé comme elle, n'étoit connu de personne et étoit respecté de tout le monde. Cependant les plus intelligens pensoient bien qu'outre le spectacle du jugement des morts qu'Amédès vouloit faire voir de bonne heure au jeune prince, il n'avoit pas voulu le laisser dans le palais en l'absence de tous les serviteurs de sa mère.

Mais par un contraste dont on ne pouvoit s'empêcher d'être frappé, ces femmes dont on entendoit les sanglots et qu'on voyoit sans cesse essuyer leurs larmes sous leurs voiles, étoient immédiatement suivies de tous les instrumens employés en Egypte dans les grandes réjouissances, comme les sistres, les chalumeaux et les hautbois, auxquels répondoient par intervalles marqués les trompettes et les timballes qui annonçoient le char de la reine. Tous ceux qui jouoient de ces instrumens, les conducteurs même du char, et les douze esclaves de la personne qui marchoient à droite et à gauche, portoient des habits de fêtes, dont l'opposition avec leur tristesse et leur silence faisoit sentir vivement aux spectateurs la fausseté et la brièveté des joies humaines. La reine elle-même avoit comme une écharpe de fleurs qui, passant sur son épaule gauche, venoit se rendre sous le bras droit; et elle tenoit en ses mains des festons qui tomboient par-dessus ses genoux jusqu'à ses pieds. Les Egyptiens vouloient marquer par-là que si la mort des personnes vertueuses est triste pour ceux qui leur survivent, elle est pour elles le commencement de leur repos, de leur bonheur et de leur triomphe. Le char de la reine étoit suivi par les prêtres en cet ordre: Le grand-prêtre de Memphis qui devoit la présenter à ses juges, étoit porté immédiatement derrière elle, étendu dans un cercueil découvert, vêtu de blanc, avec un voile blanc sur la tête et sur le visage, et dans la posture d'un mort. Tous les autres prêtres vêtus et voilés de même s'appuyant d'une main sur un bâton augural qui étoit recourbé par le haut, et tenant de l'autre un anneau ou un cercle d'or d'où pendoit une espèce de tau , marchoient à pied sur deux files simples de cinq cents prêtres chacune , distantes l'une de l'autre de toute la largeur du chemin. Entre les deux files on portoit d'espace en espace des étendards où étoient représentés les différens dieux ou les symboles des dieux de l'Egypte, comme l'Apis de Memphis, le Colosse d'Abydus, l'Aigle de Thèbes, l'Epervier de Tanis, l'Anubis de Cynopolis, le Vase de Canope, le Bouc de Mendez, le Loup d'Hermontis, l'Agneau de Saïs, et ainsi des autres. Car il venoit des prêtres de toutes les villes d'Egypte aux funérailles des rois, lors même qu'ils avoient guerre entre eux : et la classe des prêtres non plus que celle des laboureurs et des commercans ne se sentoit jamais des divisions des états. D'un autre côté la mort des rois réunissoit les prêtres des différentes villes qui paroissoient avoir de grandes disputes sur les divinités différentes et souvent contraires qu'ils adoroient. Nos historiens

en parlant de l'Egypte (1), ont dit que
les rois qui avoient sous leur domination
plusieurs villes de différent culte, étoient
bien aises de laisser ces sortes de dissen-
tions entre les prêtres, de peur que s'ils
étoient tous d'accord, leur crédit qui étoit
très-grand sur le commun des hommes,
ne les mît au-dessus des rois même. Enfin tout le convoi étoit fermé par un grand
nombre de chariots de bagages qui arrêtoient la foule qui suivoit les funérailles.

On traversoit fréquemment des villes
grandes ou petites qu'on rencontroit sans
cesse. Leur nombre sur cette route comme
sur toutes les autres, étoit tel que toute
l'antiquité a dit qu'il y avoit plus de villes
dans l'Egypte seule que dans tout le reste
du monde. C'est dans ces villes que l'on
avoit placé à distances à-peu-près égales
les stations du convoi; et chacun trouvoit
presque à côté de lui la maison où il devoit
se reposer, et d'où il sortoit pour reprendre
son rang au moment qu'il falloit partir. Le
char de la reine entroit sous une tente qui
l'attendoit sur le chemin même en chaque
station, où il étoit veillé par d'autres prê-

(1) Vid. *Plut. Traité d'Isis et d'Osiris*, et autres.

tres que ceux de la marche. Ce char auquel tout se rapportoit, ne marchoit jamais que la nuit et trois heures de suite,
pendant lesquelles il faisoit environ deux
lieues, après quoi se reposant quatre
heures, il se remettoit en marche jusqu'au
jour, et attendoit ensuite le soir.

Tout le convoi étant arrivé, s'étoit
répandu avec ordre dans la campagne
pour laisser un libre accès au char de la
reine, et même au simple peuple qui avoit
suivi le convoi par derrière les chariots.
Il s'avançoit alors jusque sur le bord du
lac Caron (1) immédiatement à côté du
char dans un grand espace à droite et à
gauche : et les prêtres demeuroient toujours rangés derrière le char en droite
ligne. A l'approche de ce tribunal redou-
table composé de juges qu'on regardoit
comme les dieux mêmes, le grand-prêtre
qui alloit parler pour la reine, et les personnes qui s'intéressoient à sa mémoire,
sentirent une frayeur à laquelle ils ne
s'étoient pas attendus. Car si les causes

(1) En comparant les relations des anciens avec
celles des modernes, le labyrinthe paroit avoir été
situé entre le lac Caron et le lac Mœris.

réellement bonnes deviennent quelquefois
mauvaises par l'injustice des hommes, il
est encore plus à craindre que les causes
qui paroissent bonnes ne deviennent réellement mauvaises devant la justice des
dieux.

Les juges étoient assis sur une estrade
large et profonde, élevée de douze marches, autour de laquelle leurs sièges au
nombre de quarante-un, formoient un
grand demi-cercle. Ils étoient vêtus par-
dessous de tuniques ou de vestes blanches,
comme prêtres ou initiés, et par-dessus
de robes rouges comme juges. Ils avoient
chacun à leur cou une chaîne d'or, où
pendoit un saphir sur lequel étoit gravée
la figure de la Vérité (1) : et ils étoient pla-
cés en cet ordre. Le Grand-Prêtre, chef
du Sénat, occupoit le fond sur un siége
un peu plus élevé que celui des autres;
et il avoit à ses deux côtés les deux juges
choisis dans le nome de Memphis qui
n'étoient qu'initiés : Amédès étoit le premier des deux. D'abord après eux de part
et d'autre étoient seize prêtres du laby-

_____

(1) *Diodore*, *lib.* 1, *sect.* 2, *et ÆÉlian varian. hist.*
lib. 14.

rinthe, et ensuite les vingt-deux initiés
choisis par les autres nomes. L'urne étoit
posée sur le devant du tribunal au bord
de la plus haute marche ; et les officiers
du second ordre étoient assis sur la seconde avec des habits convenables aux
fonctions qu'ils devoient remplir après le
jugement. Tout étant ainsi disposé, les
chevaux du char de la reine étant déte-
lés, les timons et le pavillon ôtés, le
grand prêtre de Memphis, conducteur
du convoi, monta sur le pied du char ;
et se tenant debout et la tête nue, il pro-
nonça ce discours :

Inexorables dieux des enfers, voilà notre reine que vous avez demandée pour
victime dans le printemps de son âge, et
dans le plus grand besoin de ses peuples.
Nous venons vous prier de lui accorder
le repos dont sa perte va peut-être nous
priver nous-mêmes. Elle a été fidèle à
tous ses devoirs envers les dieux. Elle ne
s'est point dispensée des pratiques extérieures de la religion sous le prétexte des
occupations de la royauté ; et les seules
pratiques extérieures ne lui ont point
tenu lieu de vertu. On aperçoit au tra-
vers des soins qui l'occupoient dans ses

conseils, ou de la gaîté à laquelle elle se
prêtoit quelquefois dans sa cour, que la
loi divine étoit toujours présente à son
esprit et régnoit toujours dans son cœur.
De toutes les fêtes auxquelles la majesté
de son rang, le succès de ses entreprises,
ou l'amour de ses peuples l'ont engagée,
il a paru que celles qui l'amenoient dans
nos temples étoient pour elle les plus
agréables et les plus douces. Elle ne s'est
point laissé aller, comme bien des rois,
aux injustices, dans l'espoir de les rache-
ter par ses offrandes; et sa magnificence
à l'égard des dieux a été le fruit de sa
piété, et non le tribut de ses remords.
Au lieu d'autoriser l'animosité, la vexa-
tion, la persécution, par les conseils
d'une piété mal entendue; elle n'a voulu
tirer de la religion que des maximes de
douceur; et elle n'a fait usage de la sévérité que suivant l'ordre de la justice
générale et par rapport au bien de l'état.
Elle a pratiqué toutes les vertus des bons
rois avec une défiance modeste qui la
laissoit à peine jouir du bonheur qu'elle
procuroit à ses peuples. La défense glorieuse des frontières, la paix affermie
au-dehors et au-dedans du royaume, les

embellissemens et les établissemens de
différentes espèces ne sont ordinairement
de la part des autres princes que des effets
d'une sage politique; que les dieux juges
du fond des cœurs ne récompensent pas
toujours : mais de la part de notre reine
toutes ces choses ont été des actions de
vertu, parce qu'elles n'ont eu pour principe que l'amour de ses devoirs et la vue
du bonheur public. Bien loin de regarder la souveraine puissance comme un
moyen de satisfaire ses passions, elle a
conçu que la tranquillité du gouvernement dépendoit de la tranquillité de son
ame; et qu'il n'y a que les esprits doux
et patiens qui sachent se rendre véritablement maîtres des hommes. Elle a éloigné de sa pensée toute vengeance; et laissant à des hommes privés la honte d'exercer leur haine, dès qu'ils le peuvent, elle
a pardonné comme les dieux avec un
plein pouvoir de punir. Elle a réprimé
les esprits rebelles, moins parce qu'ils
résistoient à ses volontés, que parce qu'ils
faisoient obstacle au bien qu'elle vouloit
faire. Elle a soumis ses pensées aux conseils des sages, et tous les ordres du
royaume à l'équité de ses lois. Elle a dé-

sarmé les ennemis étrangers par son courage et par la fidélité à sa parole; et elle a surmonté les ennemis domestiques par sa fermeté et par l'heureux accomplissement de ses projets. Il n'est jamais sorti de sa bouche ni un secret ni un mensonge; et elle a cru que la dissimulation nécessaire pour régner ne devoit s'étendre que jusqu'au silence. Elle n'a point cédé aux importunités des ambitieux; et les assiduités des flatteurs n'ont point enlevé les récompenses dues à ceux qui servoient leur patrie loin de sa cour. La faveur n'a point été en usage sous son règne; l'amitié même qu'elle a connue et cultivée ne l'a point emporté auprès d'elle sur le mérite souvent moins affectueux et moins prévenant : elle a fait des graces à ses amis; et elle a donné les postes importans aux hommes capables. Elle a répandu des honneurs sur les grands sans les dispenser de l'obéissance; et elle a soulagé le peuple sans lui ôter la nécessité du travail. Elle n'a point donné lieu à des hommes nouveaux de partager avec le prince, et inégalement pour lui, les revenus de son état; et les derniers du peuple ont satisfait sans ré-

gret aux contributions proportionnées
qu'on exigeoit d'eux, parce qu'elles n'ont
point servi à rendre leurs semblables plus
riches, plus orgueilleux et plus méchans.
Persuadée que la providence des dieux
n'exclut point la vigilance des hommes
qui est un de ses présens, elle a prévenu
les misères publiques par des provisions
régulières; et rendant ainsi toutes les
années égales, sa sagesse a maîtrisé en
quelque sorte les saisons et les élémens.
Elle a facilité les négociations, entretenu
la paix, et porté le royaume au plus haut
point de la richesse et de la gloire, par
l'accueil qu'elle a fait à tous ceux que la
sagesse de son gouvernement attiroit des
pays les plus éloignés : elle a inspiré à
ses peuples l'hospitalité, qui n'étoit point
encore assez établie chez les Egyptiens.
Quand il s'est agi de mettre en œuvre
les grandes maximes du gouvernement,
et d'aller au bien général malgré les in-
convéniens particuliers, elle a subi avec
une généreuse indifférence les murmures
d'une populace aveugle, souvent animée
par les calomnies secrettes de gens plus
éclairés qui ne trouvent pas leur avantage
dans le bonheur public. Hasardant quel-

quefois sa propre gloire pour l'intérêt
d'un peuple méconnoissant, elle a attendu
sa justification du temps ; et quoiqu'en-
levée au commencement de sa course,
la pureté de ses intentions, la justesse de
ses vues, et la diligence de l'exécution
lui ont procuré l'avantage de laisser une
mémoire glorieuse et un regret universel. Pour être plus en état de veiller sur
le total du royaume, elle a confié les
premiers détails à des ministres sûrs,
obligés de choisir des subalternes qui en
choisissoient encore d'autres, dont elle
ne pouvoit plus répondre elle-même, soit
par l'éloignement, soit par le nombre.
Ainsi j'oserai le dire devant nos juges, et
devant ses sujets qui m'entendent : si dans
un peuple innombrable, tel que l'on connoît celui de Memphis, et des cinq
mille (1) villes de la dynastie, il s'est
trouvé, contre son intention, quelqu'un
d'opprimé, non-seulement la reine est
excusable par l'impossibilité de pourvoir
à tout ; mais elle est digne de louange en

---

(1) Il y avoit dans l'Egypte vingt mille villes. *Plin.*
lib. 5. *cap.* 9, et *Pomp. Mela.* Mais Théocrite, *Idil.*
17, en compte 33,339. sous Ptolom. Philad.

ce que connoissant les bornes de l'esprit humain, elle ne s'est point écartée du centre des affaires publiques, et qu'elle a réservé toute son attention pour les premières causes et pour les premiers mouvemens. Malheur aux princes dont quelques particuliers se louent, quand le public a lieu de se plaindre ! mais les particuliers même qui souffrent n'ont pas droit de condamner le prince, quand le corps de l'état est sain, et que les principes du gouvernement sont salutaires. Cependant quelque irréprochable que la reine nous ait paru à l'égard des hommes, elle n'attend par rapport à vous, ô justes dieux, son repos et son bonheur que de votre clémence.

Dès que le grand prêtre eut cessé de parler il remit son voile sur sa tête et sur son visage, et il se prosterna sur le char où il étoit, pour attendre son jugement. Tous les juges allèrent aux opinions dans le milieu du tribunal. Après avoir conféré entre eux l'espace de quelques minutes, ils se remirent à leurs places ; et le chef du sénat demanda à haute voix à toute l'assistance, si personne n'avoit rien à reprocher à la mémoire de la reine.

Quelques-uns de ceux que les réglemens les plus favorables au public avoient blessés par la situation de leurs affaires particulières, s'étoient préparés à porter des plaintes plus excusables de leur part que légitimes contre la reine. Mais ils s'étoient tous rendu justice sur les dernières paroles que le grand prêtre de Memphis avoit dites pour sa défense ; et ils furent les plus zélés de cette nombreuse assemblée à demander pour elle par leurs applaudissemens l'entrée au séjour des bienheureux. Quand la chose arrivoit ainsi, et qu'on ne formoit aucune accusation contre le roi mort, l'urne demeuroit inutile, et on le recevoit comme par acclamation. Le chef du sénat ayant donc regardé tous les juges et reçu de chacun d'eux le signe de leur consentement ; il dit : Sacré ministre de Memphis levez-vous : les dieux vous ont trouvé vrais dans le témoignage que vous avez rendu à votre reine, et ils vont lui donner la récompense due aux bons rois. Puissent ses successeurs profiter de son exemple et rendre leurs peuples heureux pour se rendre encore plus heureux eux-mêmes ! Il ordonna ensuite au premier des officiers du second ordre d'aller toucher la reine de sa baguette, dont nos poëtes ont fait le caducée de Mercure ; et se tournant en même temps à sa droite où étoit assis Amédès choisi pour premier juge par le nome de Memphis ; il lui dit : Sage ministre de votre reine ; vous dont les conseils ont eu tant de part aux actions qui la font couronner aujourd'hui ; allez avec le saint prêtre qui l'a amenée l'introduire dans la barque, et de-là dans le temple interdit aux impies vivans ou morts : nous allons en ouvrir les portes à votre reine, et l'y recevoir nous-mêmes. Aussitôt tous les juges se levèrent et allèrent se rendre par une route particulière au-dedans du temple des dieux infernaux. A l'égard des morts qui devoient toujours entrer par la porte du souterrain, ils ne pouvoient y aborder qu'en traversant le lac qui avoit en ce sens environ un quart de lieue, et sur lequel il n'étoit permis qu'au nautonnier Caron d'avoir une barque. Il avoit déjà reçu la reine que les officiers dont nous venons de parler avoient détachée de dessus son trône, et qu'ils avoient mise dans le cercueil qui avoit apporté le grand prêtre. Celui-ci en entrant dans la barque avec Amédès avoit aussi selon la coutume, payé le tribut au nautonnier. Quand ils furent à la porte du labyrinthe, le peuple innombrable qui les suivoit des yeux, entendit comme le bruit d'un tonnerre qu'ils croyoient réel, et qu'ils regardoient comme un miracle qui ne manquoit point d'arriver quand on ouvroit le temple des dieux infernaux, mais au fond ce bruit n'étoit autre chose que le retentissement des portes d'airain qui en fermoient l'entrée, et qui étoit fortifié par la répercussion des voûtes et par les échos voisins.

Dès que le mort étoit entré dans le labyrinthe, le deuil général se dissipoit aussi subitement que celui d'un homme qui reverroit vivante une personne chérie qu'il auroit cru morte. L'intérêt du roi ou de la reine qu'on venoit d'admettre suivant leur pensée dans le séjour des bienheureux, étoit le principe de ce changement. Ceux même qui portoient encore le regret dans le cœur étoient obligés de le cacher sous les plus grandes démonstrations de joie. Le peuple qui passe aisément d'une passion à une autre toute contraire, et qui d'ailleurs ne demande que

des occasions de réjouissance, rassembloi:
dans ce retour ce que l'Egypte avoit de
plus gai dans ces fêtes de pélerinage. Les
personnes de la plus haute distinction se
faisoient un plaisir de se mêler avec le
peuple dans la campagne et dans toutes
les villes de la route : mais on les recon-
nuissoit aisément à la magnificence de
leurs habits qu'on avoit apportés dans les
chariots de bagages qui avoient suivi le
convoi. On en changeoit ou dans les villes
les plus voisines, ou sous des tentes su-
perbes qui étoient dressées de toutes pars.
Comme tous les Egyptiens se croyoient
nobles, les hommes et les femmes de la
campagne, tous d'une grande propreé,
se joignoient aux princes même et aux
princesses, non-seulement dans les mêmes
danses et dans les mêmes jeux ; mais aux
mêmes tables sous des tentes dans les pai-
ries, ou au milieu des places dans les
villes. On ne sauroit exprimer la préfu-
sion des vins et des viandes qui se consm-
moient en cette occasion ; et rien ne faloit
mieux sentir l'abondance de l'Egypte et
la richesse des Egyptiens. On ne s'ofen-
soit jamais de la familiarité des discoirs,
et tout devenoit matière de joie. Il étoit

hors d'exemple que dans cette agréable confusion il se fût jamais élevé une querelle, parce qu'on ne faisoit jamais rien dans le dessein de fâcher ou de nuire. Les grands mêmes s'attiroient d'autant plus de ces égards obligeans que la politesse inspire, qu'ils se communiquoient plus aisément à toutes sortes de personnes. Tous ceux qui excelloient dans les exercices de force ou d'adresse se rendoient là par bandes, et donnoient sur la terre ou sur les canaux des représentations amusantes. On voyoit sortir des bosquets ou entrer dans les eaux des troupes de Satyres et de Nymphes dont le culte du dieu Pan avoit fait naître l'idée dans l'Egypte, long-temps avant qu'elle eût passé chez les Gecs.

Les nuits étoient encore plus brillantes que les jours, à cause des illuminations des villes qui paroissoient encore plus belles de loin et dans la campagne que dans les villes même. Il n'est point de discours ni de tableau qui pût représenter leur effet, surtout le long des bords du lac Mœris, cette mer d'eau douce, ouvrage de main humaine, qui selon la plupart de nos auteurs (1) avoit alors cent cinquante lieues de tour, et où tous les feux étoient doublés par leur image dans les eaux. Une infinité de galères richement ornées et illuminées comme les maisons, prenoient le large dans le lac, ou alloient de ports en ports selon la volonté des voyageurs qui étoient sûrs de rencontrer par tout des surprises agréables. Le concours prodigieux des passans, le son perpétuel des instrumens de musique, et les fréquens éclats de joie, faisoient que dans cette affluence de toutes sortes de plaisirs, on ne se plaignoit que de la difficulté qu'on avoit de trouver un peu de silence et de sommeil. En un mot les journées de la fête de Diane à Bubaste, ou les nuits de la fête de Minerve à Saïs qui se célèbrent encore tous les ans, mais avec moins d'éclat que de licence, ne sont qu'une foible image de ce qui se passoit au retour du labyrinthe, dont la cérémonie attiroit avec un peuple innombrable ce qu'il y avoit de plus considérable dans l'Égypte.

_____

(1) *Diodore* lui donne 3600 stades de tour ; 24 stades faisant une lieue de 3000 pas.

(1) La beauté du climat en cette contrée favorise extrèmement ces sortes de
fètes. Dans le printemps surtout où l'on
se trouvoit alors, la sérénité des jours est
aussi constante que la fraîcheur des nuits ;
et pour dire encore plus, l'hiver y diffère très-peu de l'été. Il est vrai que les
quatre mois de l'accroissement et du dé-
croissement du Nil comparés au reste de
l'année fournissent deux spectacles très-
différens. Car dans ces quatre mois ou
environ, toute la campagne inondée fait
paroître les villes comme des îles de diverses grandeurs qui s'élèvent au milieu
des eaux : et dans le reste de l'année, au
lieu de ces eaux on voit ou des jardins
couverts de toute espèce de fleurs au printemps, ou des champs remplis de tous les
fruits de la terre en automne. Ces jardins
ou ces champs sont entourés de petits canaux qui naissent d'autres plus grands,
comme ceux-ci naissent de plus grands
encore, jusqu'à ce qu'on arrive à ceux
qui sortent immédiatement du Nil, et
qui ressemblent à des rivières, parce

(1) *Vid.* l'Egypte de Paul Lucas, corrigée et recti-
fiée par M. l'abbé Banier.

qu'ils sont destinés à environner de grandes provinces, pour se distribuer successivement jusques autour des terres des moindres particuliers. Les funérailles ne se faisoient jamais dans le temps de l'inondation, et on ne les différoit qu'en ce cas. La fête du retour étoit toujours plus longue du double que la marche du convoi : de sorte que le roi de Memphis ne reçut en cérémonie la nouvelle de l'ensevelissement de la reine que le trente-unième jour après son départ.

FIN DU PREMIER LIVRE.

LIVRE SECOND.

Sᵢ Daluca avoit obsédé le roi lors même qu'elle ne pouvoit se flatter d'aucune espérance prochaine, on peut bien juger qu'elle avoit redoublé ses empressemens depuis la mort de Nephté qui, par l'indolence de ce prince, laissoit le gouvernement vacant. Comme Amédès ne tenoit pas immédiatement d'Osoroth la part qu'il avoit eue au ministère, il en avoit abandonné toutes les fonctions, avant même de partir pour le convoi de la reine auquel il devoit assister comme juge. Le roi que Daluca ne quittoit jamais, et qui, dans les premiers temps du deuil, avoit eu plus d'occasions de se trouver seul avec elle, s'étoit accoutumé à lui communiquer les affaires qui revenoient à lui malgré qu'il en eût, et à lui confier l'exécution de ce qu'ils avoient décidé ensemble. Ce foible prince qui avoit joui du repos que la sagesse de Nephté lui avoit procuré, comme on jouit de la santé sans en connoître le prix, regardoit un gouvernement tranquille comme une chose aisée par elle-

même, et dont tout le monde étoit capable ; ou s'il supposoit qu'elle demandât
quelque talent, il fut tenté de croire que
la hardiesse et la vivacité de Daluca rem-
plaçoient avec avantage les vertus mo-
destes et sérieuses de Nephté. Ainsi, au
lieu que le seul hasard de la convenance
lui avoit présenté la feue reine pour se
décharger sur elle de la conduite de son
royaume, ce fut par une espèce de choix
qu'il la remit solennellement à Daluca
qui n'avoit aucun titre pour y prétendre.
Il lui conseilla néanmoins en particulier
de consulter Amédès dans les doutes
qu'elle pourroit avoir. Daluca lui répondit que la feue reine ayant chargé Amédès
de l'éducation du jeune prince, cet em-
ploi suffisoit pour l'occuper tout entier ;
et elle ajouta malignement qu'elle se fe-
roit aider par des ministres encore plus
dévoués qu'Amédès aux volontés du roi.

La nouvelle régente, en prenant en
main le timon de l'état, montra d'abord
toute l'assurance avec laquelle on voit
souvent les personnages les plus indignes
se porter pour successeurs du mérite le
plus éminent. Cependant l'aversion que le
public témoignoit assez visiblement pour

elle, et la mention honorable que l'on faisoit sans-cesse de la feue reine, la désoloient au fond de son ame; et elle n'avoit jamais cru que l'entrée dans la souveraine puissance pût être si désagréable. Cela même jeta dans son esprit, dès le commencement de son administration, une aigreur qui devoit devenir plus funeste avec le temps; et cette femme qui, dans la plus foible espérance de sa grandeur future, distribuoit quelquefois des bienfaits chimériques à ses amis familiers, sans parler jamais de faire du bien au public, dès qu'elle fut en place, ne songea plus à en faire à personne. La haine qu'elle acheva d'établir par-là dans le cœur des courtisans et des peuples, la fit penser plus sérieusement au projet qu'elle avoit déjà conçu d'épouser le roi, et d'acquérir le titre de reine. C'étoit même le penchant secret du prince; mais il étoit inusité jusqu'alors chez les rois d'Égypte de se mésallier; et cette précaution les avoit engagés à épouser leurs propres sœurs, lorsqu'ils ne trouvoient pas des princesses convenables dans les cours voisines. Cette coutume étoit demeurée parmi eux indépendamment de ce prétexte; et

les Ptolémées, quoiqu'originaires de la
Grèce, s'en sont prévalus.

Quelque soin que prît le roi d'écarter
tous les avis qui se présentoient à lui,
et de n'être point instruit de ce qui se
passoit dans l'intérieur de son royaume,
il ne put ignorer que le choix qu'il avoit
fait de Daluca, pour lui confier son autorité, avoit alarmé tous ses sujets. Mais
l'ambition de cette femme qui sentoit
l'empire déjà invincible qu'elle avoit pris
sur lui, la porta à employer pour monter
au trône le motif même qui devoit lui
faire ôter le ministère. Elle fit entendre
à Osoroth en versant à propos quelques
larmes, que les bontés dont il l'avoit ho-
norée et l'attachement qu'elle marquoit
pour lui seul, avoient excité l'envie contre
elle. Elle lui faisoit observer, que son
zèle pour la personne du roi avoit commencé dans un temps où l'on ne pouvoit
la soupçonner d'aucune vue pour l'avenir. Aujourd'hui même, ajouta-t-elle, où
mes ennemis craignen que le temps ne
soit arrivé de recevoir quelques récompenses de mon affection désintéressée, je
les abandonne toutes; et je consens que
ma fidélité devienne inutile pour votre

service. Je ne me suis chargée de la conduite de votre état que de peur de vous
la voir remettre à quelques ennemis secrets du pouvoir absolu qui réside en
vous ; mais vous êtes toujours le maître de
vous abandonner à eux. J'avouerai même,
continua-t-elle d'un ton plus ferme,
que je mets à un prix trop haut la continuation de mon ministère. Les censeurs
du gouvernement ayant osé faire parvenir
leurs plaintes jusqu'à vous, il faut leur
donner gain de cause en m'éloignant de
la cour, ou les confondre en me com-
blant de nouveaux honneurs. Sans renon-
cer à l'amour que j'ai pris pour vous, ce
qui me seroit impossible, je renonce dès
à présent à toutes les fonctions que vous
m'avez fait prendre, si vous ne les accom-
pagnez de la dignité suprême qui a fait
toute la facilité et toute la gloire de l'administration de la feue reine. La nou-
veauté de l'exemple fera connoître à tout
le monde que vous êtes capable d'une résolution ferme et d'un coup d'autorité.
Le roi qui avoit été combattu jusques-là
par la considération de son honneur propre et des intérêts de son fils, céda par
un faux sentiment de courage à sa véri-

table foiblesse, et confirma par un ma-
riage si peu convenable le pouvoir qu'il
avoit donné mal à propos à une femme
qui alloit accabler sa vieillesse de soucis
et de troubles. C'est ainsi que la plupart
des princes ne connoissent point d'autre
remède aux fautes qu'ils ont faites que de
les soutenir par de plus grandes.

Il est vrai qu'Osoroth ne laissant pas
de sentir l'irrégularité de son choix, et
Daluca l'infériorité de sa naissance, ils
n'osèrent tourner en fête le sujet du mé-
contentement public. Les noces et le cou-
ronnement se firent sans beaucoup de
cérémonies. La reine même eut d'abord
quelque peine à s'accoutumer à l'éclat
d'un rang infiniment supérieur à elle.
Mais son orgueil se releva bientôt par la
naissance d'un fils, dont elle commença
dès-lors à préparer l'élévation. Comme
elle ne pouvoit la porter au point qu'elle
desiroit qu'au préjudice du jeune Séthos,
elle conçut qu'elle auroit de la peine à
faire passer les injustices et peut-être les
crimes dont elle prévoyoit avoir besoin,
tant qu'il régneroit, à la cour et parmi
les principaux de l'état, un certain esprit
d'équité, de raison et de règle qui s'y

étoit établi depuis plusieurs rois. Ainsi
elle forma le projet de corrompre d'abord
la cour; espérant avec raison qu'une cour
corrompue lui fourniroit bientôt pour les
grands postes, ou des hommes vils qui
ne la contrediroient point, ou de méchans hommes qui la seconderoient. Mais
ce qui marquoit en elle une intelligence
très-fine pour le mal, elle comprit qu'un
moyen assez déguisé et en même-temps
très-sûr de corrompre la cour en peu d'années, étoit d'y introduire autant qu'elle
pourroit, la dissipation et la légèreté de
l'esprit. Elle savoit déjà par quelques expériences particulières que des hommes
ennemis de toute attention et de toute
occupation, et livrés uniquement à leurs
fantaisies et à leurs plaisirs, quand même
ils auroient eu d'abord cette probité commune qui ne coûte rien, n'ont aucune
défense contre les vices qui leur présentent quelque utilité. La vertu ne prend
jamais racine dans une ame frivole, et
les occasions la trouvent ou la rendent
capable de tous les crimes. Daluca jugea
donc que pour commencer l'exécution de
son dessein, il falloit bannir peu à peu
des assemblées et des conversations qui se

formoient dans le palais sur la fin du jour,
les propos des gens sensés, pour n'y laisser que des entretiens oiseux ; et qu'il
importoit sur-tout de changer en vains
amusemens les exercices aussi nobles
qu'utiles des jeunes seigneurs égyptiens.
Mais avant de dire par quelle voie elle
introduisit ce premier déréglement qui
devoit être la source de tous les autres,
je crois qu'il est à propos de donner ici
une idée des mœurs de cette nation par
rapport au commerce d'esprit et de sciences qui régnoit chez elle, et au soin qu'elle
avoit d'entretenir tout ce qui peut enno-
blir le cœur, enrichir l'esprit et fortifier
le corps (1). Ce détail sera en même-
temps un plan général de l'éducation du
jeune Séthos, de laquelle nous parlerons
ensuite plus particulièrement.

Les Grecs étoient encore barbares par
la coutume qu'ils avoient d'enfermer leurs
femmes, par l'éducation plutôt féroce que
guerrière qu'ils donnoient à leurs enfans,
et par la préférence qu'ils faisoient de la

---

(1) Ces expressions se trouvent dans Bossuet au
sujet des Égyptiens. Discours sur l'Histoire universelle.

force corporelle aux vertus de l'ame,
lorsque les Egyptiens, à la faveur d'un
gouvernement uniforme et toujours sage,
avoient déjà acquis une politesse qui tenoit beaucoup moins à des cérémonies
fatigantes qu'à de grands principes de
douceur et de discrétion. Les connoissances humaines étoient la vraie source
de cette politesse ; et comme elles étoient
fort anciennes dans l'Egypte, elles avoient
formé de bonne heure les mœurs de cette
nation. En effet, on a remarqué que la
politesse n'est jamais entrée chez aucun
peuple que par les lettres. Les Romains
ne sont devenus polis que depuis qu'ils
ont participé aux sciences de la Grèce ;
comme les Grecs eux-mêmes ne l'étoient
devenus que par la communication qu'ils
avoient eue des sciences de l'Egypte.
Quoique ceux qui se livrent à l'étude ne
soient pas toujours polis eux-mêmes, ce
sont eux néanmoins qui par leurs ouvrages de philosophie, d'histoire, de morale
et même de poésie, ont toujours jeté les
vrais fondemens de la politesse parmi
leurs concitoyens.

Le palais du roi qui faisoit le fond
d'une grande place vis-à-vis le temple des

trois divinités, étoit à Memphis le théâtre de toutes les sciences et de tous les beaux arts. Nous avons déjà remarqué que les anciens rois d'Egypte employoient plus volontiers leur magnificence aux édifices qu'ils devoient habiter après leur mort, qu'à ceux qu'ils habitoient pendant leur vie. Suivant ce principe, leurs palais n'offroient rien ni en eux-mêmes, ni dans leurs ornemens, de ce qui ne va qu'au faste et au luxe. Mais, en récompense, on n'y avoit rien négligé de tout ce qui dépend de l'intelligence des arts; et ils ne sembloient avoir été construits et décorés que pour exercer tous les talens, et pour conserver toutes les connoissances des hommes. Les jardins du roi de Memphis, par exemple, renfermoient tout ce que l'Egypte avoit jamais produit de genres et d'espèces de plantes connues, et même les plantes singulières que leurs voyageurs avoient apportées des climats les plus reculés, surtout depuis les conquêtes de Sésostris. Mais, outre cela, on avoit ménagé pour le plaisir de la vue tout l'avantage que l'ordre et l'arrangement pouvoient prêter à cette immense variété de plantes. Le choix des

plus belles fleurs qu'on admet seules aujourd'hui dans nos parterres, n'offre point
un spectacle égal à celuî de plusieurs
grands compartimens, où l'on voyoit en
plates-bandes séparées toutes les fleurs
simples ou composées qui s'épanouissent
en forme de roses, d'œillets ou de lis, ou
dont les feuilles prennent la figure de
vase, de parasol ou de campanes, ou
enfin dont les couleurs sont uniques ou
mêlées.

On avoit planté sur les ailes du parterre les vingt espèces de palmiers dans
un seul rang de part et d'autre; l'un de
palmiers à fleurs ou de palmiers mâles,
et l'autre de palmiers à fruits ou de palmiers femelles. On croyoit cette corres-
pondance nécessaire pour féconder les
femelles par les poussières des fleurs des
mâles que le vent leur apportoit; distinction de sexe qui, plus sensible dans les
palmiers, convient peut-être à bien d'autres plantes. Il n'y avoit point dans le
parterre d'autre couvert que lês deux
rangs de palmiers, parce qu'on pouvoit
aller à l'ombre, sous deux terrasses sus-
pendues en arcades, jusques au fond des
jardins. Le parterre étoit terminé par

deux grands bois que la continuation de
la grande allée tenoit séparés, et qui
étoient traversés par une infinité d'autres allées que le soleil ne perçoit jamais.
Ces deux bois étoient composés de tous
les arbres qu'on appelle stériles, depuis
l'humble bruyère jusqu'au superbe cèdre.
Et comme les plus bas étoient les premiers à commencer du côté du parterre,
leurs sommets assemblés, vus des fenêtres
du palais, présentoient un talus ou glacis,
qui, par la faveur du climat, conservoit
sa verdure toute l'année. Derrière ce bois,
on trouvoit toutes les plantes potagères
ou légumineuses. A côté et au-delà, on
avoit dressé en espalier ou planté en plein
vent tous les arbres fruitiers. Mais comme
ils n'étoient pas là pour fournir les tables,
et qu'on n'avoit pensé qu'à l'étendue de
la botanique, il n'y avoit de la plupart
que ce qu'il en falloit pour qu'aucune
espèce ne fût omise.

Les prêtres qui étoient les ordonna-
teurs et les intendans de ce jardin, y venoient par-dessus une colonnade qui commençoit à leur maison derrière le temple, et qui, bordant la grande place le
long du fleuve, suivoit encore en-dehors

toute l'aile septentrionale du palais, et descendoit de ce côté-là dans le parterre. Ils avoient fait dessiner et colorier tous ces arbres et toutes ces plantes; et on en trouvoit toutes les figures dans une de ces salles du palais qui étoient ouvertes à tous les curieux, et même aux étrangers. Ces figures alloient beaucoup au-delà des plantes du jardin, puisqu'elles en représentoient un grand nombre d'autres invinciblement attachées aux lieux où elles croissent. Mais on avoit en nature tout ce qu'on en pouvoit avoir ; comme des coraux, des madrépores, des litophytes, et autres plantes marines ou pierreuses. Tout étoit là enfin dans une distribution de genres et d'espèces qui formoit une science. Les plantes encore inconnues avoient en quelque sorte leur place déjà marquée : et la botanique paroissoit être complète, indépendamment de son détail qui, selon les apparences, ne le sera jamais.

Mais comme les recherches des Egyptiens ne se bornoient pas à cette partie, on voyoit en des armoires grillées de ce métal, or et argent, qu'on appelle *electrum*, des essais de toutes les produc-

tions naturelles. Les plus simples deve-
noient curieuses par les classes sous les-
lesquelles on les avoit arrangées. Cette
réunion faisoit honneur, pour ainsi dire,
à la nature, de la multitude et de la variété de ses présens; et ses richesses ainsi
rassemblées sous leurs noms propres et
sous les inscriptions qui les distinguoient,
paroissoient en quelque sorte plus nombreuses que dans la nature même, où elles
sont ordinairement éparses et ignorées.
On comprenoit dans cet ordre toutes les
substances recueillies sur la surface ou
dans les entrailles de la terre, telles
qu'elle les donne, ou qui n'avoient es-
suyé d'opérations que celles qui les net-
toient et les purifient. Ainsi on avoit là,
outre toutes les espèces de concrétions,
de congélations et de cristallisations,
toutes sortes de fossiles, de minéraux et
de métaux, et les mêmes selon tous les
progrès et tous les degrés où ils reçoivent
différens noms. On prenoit là les notions
de tous les sucs solides ou liquides qui
sortent par exsudation des plantes ou d'autres corps. La plupart de ces sucs étoient
des aromates précieux ou des contre-poi-
sons souverains; trésor immense de dé-

lices dans la santé, ou de remèdes dans
la maladie. C'étoit enfin là cet antre de
Mercure dont parle Orphée, où se trouvoit l'assemblage de tous les biens, et d'où
l'on ne remportoit jamais l'infirmité qui
y avoit conduit.

De cette salle destinée à l'histoire naturelle, on passoit à celle de la chimie (1).
Quelques-uns croient que cette science
a pris son nom de l'Egypte, appelée autrefois *chemia*; il est certain du moins
qu'elle y a pris son origine. Le fameux
Mercure de Thèbes, que les Egyptiens
regardent comme l'auteur de toutes leurs
connoissances, a donné son nom à ce
métal liquide qu'il a su tirer du cinabre,
et qui se trouve précisément le même
que l'argent vif qui coule dans les mines;
objet de tant d'épreuves chimiques, merveille de la nature et de l'art par la différence des couleurs dont il se revêt dans
ses précipités, et qui lui ont fait donner
le nom de Prothée. C'est Mercure qui leur
a appris à réduire les corps par la décom-

_____

(1) On peut lire sur cet article l'ouvrage d'Olaüs
Borrichius où il défend l'ancienneté de la chimie contre Conringius.

position en leur trois principes, le sel, le souffre et l'esprit; dont le dernier, comme le plus sublime, a retenu dans nos auteurs le nom même de Mercure. Plusieurs rois de l'Egypte avoient cultivé la chimie à son exemple, et Théophraste nous avertit que c'est de l'un d'eux que l'on tient l'azur artificiel. En imitant presque tous les mixtes, les Egyptiens avoient, pour ainsi dire, fait par l'art une seconde nature; et la chimie leur fournissoit des nitres, des vitriols, des sels toujours plus beaux et quelquefois plus efficaces que les naturels. Le philosophe Sénèque (1) assure que Démocrite avoit appris d'eux l'art d'amollir l'ivoire, et de donner au caillou la couleur et l'éclat de l'émeraude. On a du moins une preuve récente et indubitable de la force de leurs dissolvans, dans cette perle inestimable par sa grosseur, que Cléopâtre détacha de son oreille, et qu'elle fit dissoudre en un instant dans un vase de vinaigre préparé, pour la faire avaler à Marc-Antoine. Il est clair d'ailleurs que ce vinaigre n'étoit point un dissolvant

_____

(1) *Epist.* 90.

corrosif, puisqu'on le pouvoit boire sans danger.

Les témoignages de l'antiquité ont été plus loin au sujet des Égyptiens; et on a dit nettement qu'ils tenoient du fameux Mercure ou Hermès Trismégiste, le secret de la transformation de tous les métaux en or, appelé pour cette raison philosophie hermétique. On en apporte pour preuve la grandeur excessive de leurs richesses qu'une seule mine d'or qu'on leur connoît n'auroit, dit-on, jamais pu fournir; par exemple, ce navire de cèdre de quatre cent vingt pieds de long, que Sésostris fit doubler d'argent en dedans, et d'or en dehors; le cercle astronomique d'or massif, dans le tombeau d'Ismandès, qui, au rapport de Diodore, avoit une coudée ou un pied et demi d'épaisseur, et trois cent soixante-cinq coudées de circonférence; un grand nombre de temples d'or dédiés, selon le même auteur, par Osiris à Jupiter, à Junon et aux autres dieux, temples assez grands pour y avoir établi des prêtres; tant d'autres ouvrages enfin, qui quoique de marbre ou de pierre avoient coûté encore plus que ces premiers: nonobstant tout cela, l'opinion où

je suis que les parties intégrantes de tous
les corps sont déterminées à leur nature
depuis la formation de la terre, m'empê-
cheroit seule d'accorder à qui que ce soit
le pouvoir de les en faire changer. Du
moins ne doivent-elles pas changer par
des opérations aussi imparfaites et aussi
courtes que celles de l'homme, en comparaison de la finesse et de la longueur
extrème de celles de la nature. Mais
d'ailleurs les sages ne doutent pas que la
vraie pierre philosophale dont Mercure
ou Hermès est auteur, ne soit le commerce que ce premier roi de Thèbes avoit
établi dans l'Egypte. En effet, ce n'est
point la quantité des matières d'or ou d'argent, soit qu'on les tire des mines, soit
qu'on les tire des laboratoires des chi-
mistes, qui fait la richesse d'une nation.
Les mines de la Norwège, de l'Allema-
gne, de l'Espagne et de l'Afrique ne rendent pas plus riches les habitans de ces
contrées. C'est la circulation continue
d'une quantité assez médiocre de ces matières et leur échange perpétuel avec les
productions du terroir et les fruits de l'industrie, qui a procuré l'extrême abondance à des peuples qui n'ont chez eux

aucune mine d'or ni d'argent. Il faut pourtant convenir que les Égyptiens ont ardemment cherché le secret d'Hermès pris à la lettre ; et l'on peut même conjecturer qu'ils n'ont acquis le savoir réel qu'ils ont eu en chimie, que par les travaux que leur a coûté la vaine recherche de l'or philosophique.

Au sortir de la salle de la chimie, on entroit dans celle de l'anatomie. Les dissections ne se faisoient que dans la maison des prêtres : mais on apportoit dans le palais les démonstrations entières et naturelles, soit des os, soit des muscles, soit des artères et des veines de la plupart des animaux de l'air, de la terre et de la mer ; et l'on voyoit séparément leurs parties intérieures rendues plus sensibles par les développemens ou par les injections. Pline rapporte que les premiers rois d'Egypte ne dédaignoient pas de disséquer eux-mêmes des corps. Il est vrai du moins qu'Esculape, roi de Memphis, étant le premier auteur de la médecine , l'est aussi de l'anatomie. Mais l'Egypte ayant pris depuis une forme de gouvernement plus régulière , les fonctions furent mieux partagées , et la profession particulière

des sciences fut dévolue aux prêtres ou à
leurs officiers. La pratique où ils étoient
d'embaumer les corps humains et même
ceux des animaux, presque tous sacrés
chez eux, ou dans une ville ou dans une
autre, les avoit rendus extrêmement savans dans la construction extérieure et
intérieure des corps animés. Les subver-
sions de l'Egypte qui ont tiré des cata-
combes une infinité de momies et d'osse-
mens, sont favorables aujourd'hui même
à l'étude de cette science ; et le fameux
Galien, médecin de nos augustes empe-
reurs Marc-Aurèle et Lucius-Verus, exclut de la profonde connoissance de l'anatomie ceux qui ne sont pas venus s'instruire
sur ces objets dans les académies d'Alexandrie, quoiqu'elles ne soient tenues aujour-
d'hui que par des Grecs.

L'intelligence des Egyptiens dans l'a-
natomie, étoit une suite de leur curiosité
à l'égard des animaux vivans. Je ne parle
point de la pratique commune encore
dans toute l'Egypte de faire hâter d'éclore,
dans des fourneaux faits exprès, les œufs
des oiseaux qui servent à la nourriture des
hommes ; ce qui en porte toutes les espèces
à une abondance prodigieuse. Mais les rois

de Memphis avoient au-delà du jardin que nous avons décrit plus haut, une ménagerie distribuée en parc et en loges pour les quadrupèdes, en canaux et en bassins pour les poissons et les amphibies, et en volières pour les oiseaux. C'étoit là que l'on donnoit de temps en temps, en forme de spectacle, les jeux de ces animaux apprivoisés et dressés à des exercices étonnans (1). On voyoit dans les canaux et dans les bassins plusieurs crocodiles nageans à fleur d'eau sous des hommes qui leur faisoient faire toutes sortes d'évolutions, ou marchant à terre conduits par une chaîne, et souvent par la voix seule de leurs maîtres. On faisoit faire les mêmes exercices à l'Hippopotame, ou cheval du fleuve. C'est un animal dont l'aspect seul est si effrayant, qu'on a cru qu'il jetoit du feu par les naseaux; et ce sont ses os que l'on montre en quelques villes de la Grèce, comme des os de géans. On a vu enfin, du temps même des Ptolémées, où les Egyptiens étoient fort déchus de leurs anciens arts, des Cynocéphales, espèce de singes dont ils ont fait

_____

(1) *Plutarc. de Solertia Anim.*

les Anubis hiéroglyphiques, auxquels on avoit appris à jouer régulièrement de la guitare et de la flute (1).

Mais il faut avouer que la curiosité ou l'adresse des Egyptiens, en ce qu'elle a de plus louable, ne répare point la honte des abus superstitieux où ils sont tombés au sujet de leurs animaux. Plusieurs villes d'Egypte ont pris leur nom des monstres qu'on y adore. Il y a une Crocodilopolis; l'hippopotame est adoré à Pampremis, quoique cette ville ne porte pas son nom. Les moins insensées semblent être celles qui adressent leur culte à des animaux utiles à l'homme (2). Les Héracléotes offrent de l'encens à l'icneumon, espèce de rat de la grosseur d'un petit chien, qui tue le crocodile en se jetant dans sa gueule, après s'être enduit d'une couche épaisse de limon qu'il laisse dessécher pour lui servir de cuirasse; seul animal, ont dit les anciens, qui se fasse des armes défensives. Toute l'Egypte réveroit l'oiseau Ibis, espèce de cigogne qui délivre leurs villes de petits serpens ailés que le

_____

(1) *AElian. de natura Animal. l. 6 , cap. 10.*
(2) *Cicero de natura Deor. l. 1.*

vent d'Afrique y apporte, mais qui est elle-même très-incommode par sa voracité et par ses immondices. On raconte que Cambyse, avant de donner contre Psamménite, fils d'Amasis, la bataille de Péluse à l'entrée de l'Egypte, borda son avant-garde d'un rang de ces oiseaux, et que les Egyptiens aimèrent mieux se laisser vaincre sans défense, que de tirer leurs flèches contre eux. Les Grecs ont reproché avec raison aux Egyptiens la bisarrerie de leur religion. Ceux-ci prétendent se justifier à l'égard des crocodiles et d'autres animaux aussi horribles, en disant qu'ils défendent l'Egypte et en rendent l'abord dangereux pour les corsaires de l'Arabie, ou pour les coureurs de la Libye. Ils rétorquent même le reproche, et disent aux Grecs (1) que les Thessaliens ont adoré une cigogne, et les Béotiens une belette. En effet, la plupart des hommes qui raillent avec tant de hauteur les superstitions étrangères, ne seu-

_____

(1) *Clem. Alex. admon. ad gentes.* Ce Père même ajoute qu'il est moins honteux d'adorer des animaux incapables de crimes, que des dieux vicieux et injustes comme ceux des Grecs.

tent point le ridicule des leurs propres, quoique souvent de la même espèce.

Après avoir parcouru ce qui appartient aux sciences expérimentales, on entroit dans la première des salles destinées aux sciences de calculs. Le besoin particulier aux habitans de cette contrée de retrouver la juste mesure de leurs terres après l'écoulement des eaux du Nil, avoit engagé ces peuples, avant tous les autres, à l'étude de la géométrie; mais ils en avoient porté les spéculations bien au-delà de cet usage; et ils avoient acquis des connoissances dont la simple mesure des terres, ou la géométrie proprement dite, n'étoit plus que la moindre partie. Les canaux ou les autres limites qui séparèrent dans la suite des temps les terres des particuliers, les faisoient suffisamment reconnoître; et la géométrie étoit devenue la science des rapports de toute espèce représentés par des lignes. Les premiers élémens des mathématiques sont extrêmement anciens. On raconte que Mercure, premier roi de Thèbes, dont nous avons parlé tant de fois, étant frappé des changemens qu'un déluge universel, alors récent, avoit faits à la surface de la terre, et de l'oubli des connoissances humaines qu'un fléau si terrible avoit emportées, chercha un expédient pour prévenir une si grande perte, au cas qu'un pareil désastre arrivât encore une fois (1). Il fit creuser aux environs de Thèbes des allées souterraines et tortueuses dont on voit encore les restes, et qu'on appelle les syringes. Il les avoit remplies de colonnes carrées ou pyramidales, dont toutes les faces étoient chargées des principes de toutes sortes de doctrines, mais en symboles hiéroglyphiques, afin que l'art même de l'écriture étant perdu, on pût les expliquer par conjecture ; et que s'il échappoit quelques hommes, ils eussent du moins cette avance, et ne fussent pas réduits comme ils venoient de l'être, à la longueur des travaux que demande une nouvelle invention de toutes choses. On ajoute que Mercure lui-même avoit reçu un semblable secours de quelques colonnes antérieures au déluge, et dressées par les rois héros ou demi-dieux ses prédécesseurs.

On avoit rangé dans la salle des mathématiques à Memphis des colonnes d'une

____

(1) *Ammian. Marcel. l.* 22. vid. *Marsh. p.* 39 *et* 41.

coudée de haut, mais qui dans cette mesure avoient toutes les proportions des
colonnes des syringes qui contenoient les
principes de cette science. Les propriétés
des nombres étoient gravées sur les premières, d'autant que leurs rapports étant
sensibles par l'opération seule, ils servent
d'élémens et de modèles à tous les rapports
mathématiques (1). Pythagore dont les
anciens ont dit qu'il s'étoit beaucoup instruit sur les colonnes de Mercure, avoit
pris là l'idée de la science des nombres.
Il la porta aussi loin qu'aucun des Grecs
avant notre célèbre Diophante, et il est
le premier d'entre eux qui s'en soit servi
pour les divisions harmoniques du mono-
chorde. Mais il en fit ensuite des applications allégoriques qui peuvent être de
quelque utilité morale, mais qui n'enri-
chissent point l'arithmétique même. On
voyoit sur d'autres colonnes les propositions élémentaires de la géométrie accom-
pagnées de leurs figures, au-dessous des-
quelles étoit le nom du premier qui les
avoit démontrées, et la date de la démonstration, quoique la démonstration même

_____

(1) *Iamb. de myst. Ægypt. l. 1.*

n'y fût pas. Ce monument formoit une histoire très-curieuse des démarches et des progrès de l'esprit humain. La science étoit indiquée, et on savoit le degré où elle étoit parvenue en chaque siècle; mais les spectateurs étoient obligés de se donner d'autres soins pour l'acquérir. Thalès y avoit vu que l'angle pris dans la circonférence du cercle et appuyé sur les deux extrémités du diamètre, est toujours droit, et c'est de la démonstration qu'il en trouva, après son retour dans la Grèce, qu'il déduisit toutes les autres propriétés du cercle, et toutes les résolutions trigonométriques, ou qui donnent les mesures des distances inaccessibles. C'étoit là que Pythagore avoit lu l'énoncé de la fameuse proposition sur l'hypothénuse du triangle rectangle comparée aux deux autres côtés (1). Ce n'est pas sans raison qu'il immola une hécatombe, pour rendre graces aux dieux de l'avoir enfin démontrée, puisque cette proposition, et celle qui établit l'analogie des côtés des triangles

_____

(1) V. Olaüs Borrichius, *Hermetis Sapientia*, où il parle en général des connoissances des Egyptiens, chap. 8.

I.   11

semblables, sont les deux pivots sur lesquels roule toute la géométrie.

Après les propositions élémentaires qui
ne regardent que les figures terminées par
des lignes droites ou circulaires, venoient
toutes les parties de la géométrie qui ne
demandent point d'autre secours. Sur ce
fondement seul s'étoient élevées toutes
les mathématiques employées aux besoins
des hommes, aux commodités des villes
et à l'embellissement de toute l'Egypte ;
en un mot toute la géométrie pratique.
Les principes de cette géométrie, tous
écrits sur des colonnes, quoiqu'ils ne fussent pas tous copiés de celles de Mercure, et que la date de la plupart fît voir
qu'ils avoient été trouvés depuis, remplissoient tout un côté de cette grande salle.
L'autre étoit orné des découvertes qu'on
avoit faites dans la géométrie composée
ou qui traite des lignes courbes. Ces découvertes dues aux prêtres seuls, depuis
qu'ils formoient en Egypte une société
particulière, n'étoient plus sur des colonnes ; mais on les avoit gravées avec les
figures convenables sur des tables de marbre blanc, plus hautes et plus larges que
les colonnes. Les théorèmes établis et

les problêmes résolus y étoient énoncés comme ceux de la géométrie simple, sans aucune démonstration (1).

Mais rien n'égaloit dans ces salles la beauté des instrumens d'astronomie. Les Chaldéehs ont passé pour les auteurs de cette science ; mais ils n'étoient eux-mêmes qu'une colonie d'Egyptiens, conduite dans la Babylonie par Bélus, né en Egypte, suivant le témoignage de Diodore. Le climat de l'Egypte s'étoit trouvé favorable aux observations astronomiques, non seulement à cause d'un ciel toujours serein dont elle jouit; mais encore parce qu'étant proche de l'équateur, elle découvre presque tout le ciel qui fait sur elle des révolutions presque droites. C'est par cet avantage du lieu, que les pasteurs qui passoient les nuits en pleine campagne, avoient été les premiers astronomes; d'autant qu'il étoit impossible qu'ils ne

(1) On donnoit le nom particulier d'*Arscpedonaptes*, ou plutôt d'*Arpedonaptes*, aux prêtres qui s'appliquoient aux plus hautes spéculations de la géométrie. Voyez sur ces deux mots les notes du St. Clém. d'Alex. de l'édition de Potterus, *pag.* 357. On trouvera dans le texte que Démocrite se vantoit d'avoir appris, avec ces hommes-là, autant de géométrie qu'ils en pouvoient savoir eux-mêmes.

remarquassent la différente hauteur des
constellations aux différentes heures de
la nuit, le lever successif de celles qui se
dégagent des rayons du soleil pendant le
cours de l'année, et la route particulière
des planètes ordinairement contraire au
mouvement diurne de tout le ciel. Mais
lorsque des hommes plus curieux et plus
pénétrans se furent saisis de cet objet,
ils en formèrent bientôt la plus brillante
des sciences humaines, et la seule qui
fasse des prophètes infaillibles. L'Egypte
par sa situation semble être tellement con-
sacrée à l'astronomie, que depuis la fon-
dation d'Alexandrie, il n'est aucun des
grands astronomes grecs qui ne soit né
dans cette ville, ou qui n'y ait acquis ses
connoissances et sa réputation. Tels sont
Timocharis, Denis l'astronome, Eratos-
thène, le fameux Hipparque, Possido-
nius, Sosigène, et enfin Ptolémée le dernier et le plus grand de tous. Les Egyptiens ont construit les premiers des sphè-
res suivant les deux différens systêmes du
monde; c'est-à-dire, selon qu'on suppose
que tous les astres tournent autour de la
terre, ou que la terre elle-même tourne
comme une planète autour du soleil. Quoi-

que les Grecs suivent aujourd'hui le système visible et apparent de la révolution
journalière du soleil autour de nous, système auquel notre Ptolémée a donné un
très-grand lustre, on ne peut pas ignorer
que nos anciens philosophes tels que Thalès et Pythagore, ont cru que toutes les
planètes et la terre même tournoient autour du soleil. Et comme tous deux ont
été puiser leurs connoissances en Egypte,
c'est une preuve certaine, indépendamment de celles que je tire de mes mémoires, que ce dernier systéme étoit celui
des Egyptiens. Le mouvement de la terre
a même été admis par des Grecs assez
modernes ; et Philolaüs a donné son nom
à l'astronomie philolaïque, dont cette hy-
pothèse est la base. Les deux systêmes
satisfont également aux retours périodi-
ques des astres. Mais si celui de Ptolémée
suit en quelque sorte de plus près le rapport des sens, et suffit à des astronomes
qui n'observent que les apparences cé-
lestes, celui de Philolaüs infiniment plus
simple en lui-même, suit par conséquent
la nature de plus près, et convient mieux
à des philosophes. Je ne dirai rien ici de
l'astrologie des Egyptiens, parce qu'ils

ne la communiquoient qu'à leurs initiés,
et dans l'intérieur de leurs temples. Mais
comme la recherche de la pierre philosophale a produit la chimie, on peut dire
aussi que la vaine science de l'astrologie,
dont tous les peuples du monde sont en-
têtés, nous a procuré les découvertes admirables de l'astronomie. Au reste les
connoissances générales de ce grand art
étoient communes à tous les prêtres de
l'Egypte. Mais il faut convenir que ceux
de Thèbes surpassoient les autres en cette
partie (1) Ainsi je renvoie quelques autres
particularités de cette science à l'endroit
où nous aurons occasion de parler de cette
fameuse capitale de la haute Egypte.

Cependant ce qui attiroit dans le palais
de Memphis l'attention d'un plus grand
nombre de personnes, étoient les modèles
de toutes les machines qui avoient servi
à niveler le terrain de l'Egypte, à y répandre les eaux du fleuve, à les élever à
de très-grandes hauteurs, et à les retenir
dans de justes bornes. C'est à la vue de
ces machines merveilleuses, dont quelques-unes subsistoient encore du temps

_____

(1) *Diodore*, l. 1.

d'Archimède, que ce fameux prince de Syracuse inventa à Alexandrie la vis hydraulique qui porte son nom (1). On voyoit aussi dans cette salle les modèles de ces puissances multipliées qui avoient tiré des carrières, transporté au loin, et placé dans les nues ces pierres d'une longueur et d'une épaisseur démesurées, qui éterniseront les travaux de l'Egypte. Enfin, tout ce que le génie avoit fourni à la guerre, soit sur terre soit sur mer, étoit là soigneusement conservé. L'astronomie jointe au génie avoit rendu les Egyptiens très-habiles dans la navigation ; et les modèles des vaisseaux de toutes formes, et des instrumens propres à les construire et à les guider dans leurs routes, n'étoient pas la moindre des curiosités que nous venons de décrire.

Il est vrai que ce rare assemblage étoit, pour ainsi dire, un spectacle muet, ou qui ne parloit que par les inscriptions qui accompagnoient chaque pièce. Il faut même avouer que les étrangers n'avoient guères d'autres lumières à espérer que celles qu'ils pouvoient tirer de ces sortes

_____

(1) *Diodore, l. 5, p. 217, edit. Henr.*

d'objets en quelques villes de l'Egypte,
avant que Cambyse, fils de Cyrus, le
plus furieux et le plus insensé de tous les
conquérans, les eût ravagées. Thalès et
Pythagore sont les derniers des philosophes grecs qui les aient vues avant leur
destruction. Tous deux avoient demeuré
en Egypte un grand nombre d'années;
ils avoient eu des liaisons d'amitié avec
quelques prêtres égyptiens, ils s'étoient
fait tous deux initier; et Pythagore en
particulier (1) voulant l'être à Héliopolis,
dont les prêtres passoient pour les plus
savans dans la divination, avoit acheté
ce privilége par la circoncision qu'il y
falloit subir. Nonobstant tout cela leur
voyage et leurs travaux leur auroient été
assez inutiles, si étant eux - mêmes de
grands inventeurs, ils n'avoient tiré beaucoup de conséquences du peu qu'on leur
avoit communiqué (2). En effet les prêtres se croyoient obligés de manifester
aux initiés étrangers certains mystères de

_____

(1) *Clem. Alex. Strom. lib* 1.
(2) Philostrate, Vie d'Apollonius, *l.* 1, c. 1, dit
que Pythagore, comme un excellent peintre, avoit
embelli de couleurs ce que les prêtres d'Egypte n'a-
voient que dessiné et crayonné.

leur religion, et nullement les secrets de leurs sciences. Mais en faveur des Egyptiens, il y avoit dans le palais de Memphis d'autres salles où se tenoient ordinairement les plus grands maîtres dans les sciences, dont les principes ou les instrumens étoient exposés dans les premières. La fameuse Athènes n'a jamais fourni tant d'écoles, ni des écoles plus fréquentées, quoiqu'en celles de l'Egypte on ne reçût que des Egyptiens (1). Outre les heures où l'on donnoit des leçons régulières, les prêtres qui enseignoient seuls dans ces différentes académies, se relevoient pour satisfaire aux questions que toutes sortes de personnes leur venoient faire à tous les instans du jour. Mais ils ne faisoient publiquement ni préparations chimiques, ni dissections anatomiques, ni même observations astronomiques, pour cacher en partie aux Egyp-

---

(1) Les monumens de l'antiquité présentent si souvent l'idée de ces académies, que le P. Laffiteau, dans la vie de Jean de Brienne, *l.* 2, *p.* 145; ayant eu occasion de parler de Philippe Auguste, dit, qu'il avoit rendu l'université de Paris aussi célèbre qu'Athènes et Memphis l'avoient été, dans leur plus grande splendeur.

tiens même les moyens par lesquels ils
parvenoient à leurs connoissances.

Quoique les Egyptiens donnassent le
premier rang entre les occupations de
l'esprit, aux sciences naturelles, parce
qu'elles vont plus directement à l'utilité
publique, ils n'avoient point négligé les
connoissances qui sont l'objet de l'érudition. Les conférences s'en tenoient dans
une vaste bibliothèque, que l'on augmentoit tous les jours. Sur la porte étoit
écrit en lettres d'or : LA NOURRITURE DE
L'AME; inscription plus étendue que celle
de la bibliothèque de Thèbes, sur laquelle le roi Ismandès qui l'avoit formée,
avoit fait mettre : LES REMÈDES DE L'AME (1).
Aucun roi ne peut rassembler les curiosité de la nature et de l'art dans l'étendue
où un seul savant peut les avoir repré-
sentées et expliquées dans ses livres; mais
aucun particulier ne peut faire une collection de livres aussi ample que peut l'a-
voir un roi. La bibliothèque de sept cent
mille volumes ramassés par les soins de
Ptolémée Philadelphe, et brûlée depuis

_____

(1) *Diodore, Description du Memnomium, liv.* 1,
sect. 2.

malgré le vainqueur, lorsque Jules César entra dans Alexandrie, a été une merveille de l'Egypte, préférable à celles qui portent encore ce nom. A Memphis et dans les autres villes, les prêtres gardoient chez eux tous les livres qui contenoient les mystères et les pratiques de la religion, ou même l'histoire des temps héroïques, ou qui avoient précédé Ménès. Ils ne les communiquoient qu'aux initiés, et il les leur interprétoient en secret; S'étant fait une maxime d'état d'ôter aux personnes du monde tout moyen de se rendre arbitres des matières de religion; les peuples, et sur-tout les femmes, n'en savoient jamais que ce que les prêtres leur en apprenoient de vive voix. Mais toute leur histoire depuis Ménès, et même les histoires étrangères qu'ils avoient recueillies aussi soigneusement que les curiosités naturelles, étoient en dépôt dans les bibliothéques royales, et montrées à tous les Egyptiens qui en demandoient communication.

(1) Les prêtres étoient en Egypte les seuls juges en matière de droit civil. Mais

_____

(1) *AElian. variar. histor. lib.* 14.

s'ils avoient quelque discussion avec les
particuliers, et à plus forte raison avec le
roi, c'étoient, en ce cas, les initiés assemblées qui en décidoient. Ainsi il semble
que les prêtres et les initiés auroient pu
se réserver à eux seuls la connoissance
des lois. Cependant comme ils vouloient
que ceux même qui seroient condamnés
sentissent l'équité de leurs jugemens, et
que d'ailleurs les particuliers doivent savoir les lois pour s'y conformer; les prêtres enseignoient publiquement la jurisprudence dans une salle du palais, et
c'étoit la seule école où les étrangers
fussent admis. Les Égyptiens se sont van-
tés à juste titre d'avoir fourni à Solon et
à Lycurgue les plus belles lois, que ces
deux Grecs rapportèrent de l'Égypte,
l'un à Athènes et l'autre à Sparte (1). Une
des plus remarquables est celle qui or-
donnoit à chaque homme du peuple en
Égypte de déclarer aux juges chaque année, à quoi il prétendoit gagner sa vie;
et il lui étoit défendu pendant ce temps-
là du moins de faire aucune autre chose
sous peine de mort. Par-là chacun tra-

---

(1) *Herodote*, *L. 2. Diodore*, *lib. 1.*

railloit de tout son pouvoir. Cette acti-
vité qui règne encore dans notre ville
d'Alexandrie faisoit dire à l'empereur
Adrien (1), qu'il n'est aucun homme
dans cette grande ville qui ne soit désigné
par une profession ou par un métier. Les
aveugles même, ajoute-t-il, ont leur ouvrage. Il n'est pas jusqu'aux goutteux qui
n'agissent, s'ils ont seulement ou les mains
ou les pieds libres. Ce n'est-là qu'un
exemple d'une infinité d'excellentes lois
qui de l'Egypte se sont répandues chez
les peuples les plus sages, et dont quelques-unes même sont reconnoissables
dans le droit romain (2).

Les rois de l'Egypte avoient favorisé
de tout temps ces académies, persuadés
qu'ils étoient que l'amour des sciences
et le repos qu'elles demandent, éloigne
des esprits toute pensée de révolte et de
sédition. Outre que les sciences exercent
et ornent l'esprit, elles lui donnent en-

_____

(1) Fl. *Vopiscus in Saturnino.*
(2) *Solon. Sententiis adjutus Sacerdotum Ægypti,*
latis justâ moderatione legibus, Romano quoque juri
maximum addidit firmamentum. Amm. Marc. lib. 22.
V. aussi *Nicolai de Synedrio Ægyptiorum,* où il
compare les quatorze principales lois de l'Egypte à
celles des autres nations.

1. 12

core une certaine solidité, et une certaine droiture qui empêchent ordinairement les hommes non-seulement d'être
frivoles, mais encore d'être méchans. Divers princes en avoient fait l'expérience
par les grands ministres, par les grands
magistrats et même par les grands capitaines que ces écoles leur avoient four-
nis. Car pour dire ici tout ce qui appartient à ce sujet, les exercices du corps
succédoient à ceux de l'esprit. Je ne
parle pas seulement de lutter, de nager,
de courir à pied ou à cheval, de monter le long d'une simple corde sur de
hauts faîtes, et d'y marcher pour affer-
mir ses yeux et ses pas, toutes choses
importantes à la guerre, soit pour les
batailles, soit pour les siéges : j'entends
aussi toutes les parties de l'art militaire
qui demandent de l'étude et des connoissances. On voyoit les jeunes seigneurs
prendre à l'envi les distances des lieux
inaccessibles, et les mesures de toute espèce de fortifications. Ils suivoient atten-
tivement les architectes fameux dans l'exécution de leurs entreprises immenses,
pour apprendre d'eux les proportions des
fondemens des murs avec leurs hauteurs;

les appuis et la portée de ces voûtes aussi solides que légères, la différence des bois employés dans les charpentes, et le degré de force qu'ils tirent de leur position.

Les reines même et les dames de la cour entretenoient en eux cette noble émulation. Outre que les courses réglées, et les autres exercices de cette jeunesse florissante, leur fournissoient aux jours de fêtes ou de réjouissances publiques des spectacles très-agréables ; dans les cercles qui se formoient autour d'elles, à la fin du jour, elles prenoient un grand plaisir à les faire parler, pour s'instruire elles-mêmes et se rendre dignes de la société où elles étoient nécessairement avec les plus savans hommes. Car suivant un usage aussi ancien en Egypte que la monarchie, les prêtres qui étoient si austères dans les fonctions sacerdotales, venoient fréquemment dans le palais aux heures des assemblées. Le premier motif de cette institution avoit été de conserver la religion dans l'ame des rois, et la décence dans des cours, où, contre la coutume des autres nations, les femmes étoient toujours avec les hommes. Les prêtres avoient profité eux-mêmes de cet avantage, en prenant les manières du grand monde en échange des connois- sances qu'ils y portoient. Les uns et les autres formoient enfin cet assemblage, le seul peut-être qui mérite d'être appelé bonne compagnie, c'est-à-dire, des gens de condition mêlés avec des gens d'esprit et de savoir. Ainsi on n'imposoit aucune règle aux conversations, mais elles étoient tenues par des esprits réglés, et chacun ne parlant que selon la mesure de son génie et de ses connoissances, toutes les personnes de la cour, quoiqu'en degrés différens de lumières, se rendoient pres- que également estimables. Les Egyptiens tenoient même pour maxime, que le bel esprit n'est pas la plus grande qualité que l'homme puisse avoir, non-seulement par rapport aux affaires d'état et de guerre, que l'on confie plutôt à des hommes sen- sés et exercés, qu'à de beaux esprits, mais encore par rapport au commerce de la vie, et à l'agrément de la société: de telle sorte même que les beaux esprits n'étoient considérés qu'autant qu'ils tà- choient de se donner la douceur, la mo- destie, et les autres qualités ordinaires des honnêtes gens. Enfin, dans une nation dont tous les sujets animés par une émulation réciproque remplissoit également bien leurs fonctions et leurs emplois, l'estime véritable qu'ils avoient les uns pour les autres jetoit dans la société un charme inconnu aujourd'hui presque partout.

Cette solidité d'esprit qui paroissoit dans les occupations, et dans les conversations mêmes des Egyptiens, s'étendoit jusqu'aux matières de pur agrément. Ils aimoient les compositions élégantes en prose et en vers. Mais plus favorables en général à des hommes d'un génie ordinaire qui parvenoient à se rendre utiles par le savoir, qu'à de beaux esprits qui ne fournissoient au public que de vains amusemens ; ils concilioient tout par cette maxime indubitable, que le grand homme dans les lettres est celui qui a cultivé un très-bel esprit par de très-grandes connoissances. En conséquence de ce principe universellement admis, il se présentoit peu d'auteurs qui ne se fussent pourvus de toute la lecture qui pouvoit servir de guide et de soutien à leurs propres réflexions. Il arrivoit de-là que les lecteurs trouvoient beaucoup à apprendre

dans les livres même qui ne sembloient
être faits que pour plaire et pour diver-
tir. Ceux qui veilloient sur la littérature
prévenoient ainsi dans les auteurs et dans
les lecteurs le goût de la bagatelle qui est
l'écueil des nations polies, et qui les rend
bientôt plus incapables des grandes choses que la simplicité et la rusticité même. A l'égard des poëtes, on les exami-
noit sévèrement sur les notions qu'ils s'é-
toient faites des vertus et des vices; et
on les désabusoit de l'opinion où on les
surprenoit presque tous, que la morale
fût une science que l'on a par soi-même,
et sans l'avoir jamais étudiée. Mais sur-
tout on interdisoit absolument la poésie
à tout homme convaincu de mœurs basses et déréglées. Ils se garantissoient par-
là d'un mal public qui a toujours regné
parmi les Grecs; c'est que s'il y a des
écrivains décriés en leur personne, ce
sont eux qui se chargent de corriger le
genre humain par des satires qui n'atta-
quent presque jamais que des gens de
mérite, qu'une juste réputation met au-
dessus d'eux. Les Lacédémoniens des
premiers temps, à l'imitation des Egyptiens, défendoient à tout homme vicieux

de proférer même une maxime de morale. Qu'est-ce en effet qu'un poëte, qui comme nous en voyons un si grand nombre parmi les Grecs, entreprend de représenter dans ses poëmes des hommes vertueux, et qui n'ayant lui-même, ni les idées, ni les sentimens de la vertu, ne la met jamais dans son vrai jour : où, ce qui est encore plus pernicieux, qui donne un tour avantageux à des vices couverts d'une fausse apparence d'héroïsme ?

Il y avoit dans le palais de Memphis deux galeries particulières qui, non-seulement servoient d'écoles aux sculpteurs et aux peintres, mais qui de plus étoient pour les doctes le plus riche monument qu'on pût souhaiter de l'histoire de ces deux arts. A l'entrée de l'une de ces galeries, on trouvoit à droite et à gauche des colonnes de bois ou de pierre, mal taillées, à-peu-près de la hauteur et de la grosseur d'un homme. Le nom du dieu et du héros qu'on avoit voulu représenter étoit écrit sur quelques-unes ; et c'étoit là toute la sculpture des premiers temps. En avançant on voyoit la forme humaine se développer de plus en plus. Mais les

deux jambes étoient encore jointes ensemble, et les deux bras collés au corps
suivant leur longueur. Peu-à-peu les mem-
bres se détachoient du tronc et se mettoient en action. Delà on arrivoit aux at-
titudes élégantes, et bientôt aux miracles
de l'art. Car dès que l'homme a senti le
bon en quelque genre que ce puisse être,
il s'élève avec une rapidité prodigieuse
jusqu'à l'excellent. La sculpture grecque
a passé par les mêmes degrés ; et Plutarque rapporte que les Spartiates appeloient Docanes toutes les figures qu'ils
avoient des Dioscures, ou des deux frères
Castor et Pollux. C'étoient deux poutres(1)
posées debout et liées l'une à l'autre par
un bois de traverse. Dédale fut le premier
qui apporta de l'Egypte dans la Grèce la
pratique de mettre les bras des statues en
action, et leurs jambes en disposition de
marcher. Les Grecs furent si surpris de
cette nouvelle attitude, qu'ils enchaînoient
les statues ainsi faites, de peur qu'elles
ne s'en allassent ; et Platon dit que les
statues liées au piédestal se vendoient
plus cher que les autres, comme les es-

_____

(1) *Docos* en grec signifie poutre.

claves qui n'étoient pas sujets à s'enfuir.
Il y a même quelque chose de plus : car
bien que sur le témoignage des Grecs qui
ont vu des statues de Dédale, elles ne
fussent pas, du côté de la sculpture, au point
de perfection, où Phidias et Praxitèles
ont porté les leurs, il leur avoit donné
par quelque ressort intérieur un véritable
mouvement. Aristote même, citant Philippe le Comique, assure que Dédale avoit
fait en bois une Vénus qui se remuoit par
le moyen de l'argent-vif qu'il avoit versé
dedans. Quoi qu'il en soit de la vérité ou
des circonstances du fait, ces allégations
suffisent pour nous faire prendre à la lettre les figures mouvantes du bouclier
d'Achille décrit par Homère, malgré les
interprètes qui veulent réduire sa description à celle d'un tableau ou d'un bas-re-
lief ordinaire, dont les figures sont re-
présentées comme agissantes, quoiqu'elles
soient réellement immobiles ; et il est aisé
de s'apercevoir qu'Homère dans la description du bouclier, avoit en vue l'art
de Dédale, plus célèbre encore de son
temps que du nôtre. Mais rien ne fait plus
d'honneur à la sculpture égyptienne, que
ce trait d'histoire qui termine le premier

livre de Diodore de Sicile. Les plus fameux sculpteurs de la Grèce, dit cet auteur, se sont formés dans les écoles de l'Egypte. Tels sont Téléclès et Théodore, fils de Rœcus, qui ont fait la statue d'Appollon Pythien qui est à Samos ; de telle sorte que Téléclès en ayant fait une moitié à Samos, pendant que son frère Théodore faisoit l'autre à Ephèse, les deux pièces se rapportèrent si juste, que toute la figure ne paroît être que d'une seule main. Cet art particulier qui est peu connu des sculpteurs grecs, continue-t-il , est très-cultivé par les sculpteurs égyptiens : car ceux-ci ne jugent pas, comme les Grecs, d'une figure par le simple coup-d'œil, mais mesurant toutes les parties l'une par l'autre, ils taillent séparément et dans la dernière justesse toutes les pierres qui doivent former une statue. C'est pour cela qu'ils ont divisé le corps humain en vingt - une parties et un quart. Ainsi quand les ouvriers sont une fois convenus entr'eux de la hauteur d'une figure , ils vont faire chacun chez soi les parties dont ils se sont chargés ; et elles s'ajustent toujours ensemble d'une manière qui frappe d'étonnement ceux qui ne con-

noissent pas cette pratique. Or les deux
pièces de l'Apollon de Samos se joignent
suivant toute la hauteur du corps ; et
quoiqu'il ait les deux bras étendus et en
action, et qu'il soit dans la posture d'un
homme qui marche , il est partout semblable à lui-même ; et la figure est dans
la plus exacte pondération. Enfin cet ouvrage qui est fait suivant l'art des Egyptiens cède peu aux chefs-d'œuvre de l'É-
gypte même.

L'autre galerie étoit destinée à la peinture. On voyoit d'abord des planches de
bois blanchies, sur lesquelles les objets,
tracés ordinairement en noir , étoient si
mal dessinés , que le peintre même s'étoit
cru obligé d'écrire à côté de chacun :
c'est ici un homme ; c'est ici un cheval;
c'est ici un arbre. En avançant on trouvoit des traits qui paroissoient avoir été
tirés autour de l'ombre que fait un objet
exposé au soleil. Dans les tableaux suivans , la perfection du dessin et le nombre des couleurs croissoit à vue d'œil. On
s'en tint long-temps à quatre chez les
Egyptiens, comme chez les Grecs : et l'on
sait que Zeuxis , Polygnote et Timante
n'en employoient pas davantage. Ce fu-

rent Echion, Nicomaque, Protogène, et enfin Apelle, qui attrapèrent avec leurs différentes teintes toutes les nuances de la nature. On voit encore aujourd'hui dans une grotte assez voisine de Thèbes des peintures du temps des anciens rois de cette dynastie d'une couleur aussi vive que si elles venoient d'être faites (1). Mais les Egyptiens les plus récens ne tombèrent pas dans le défaut que Denis d'Halicarnasse reproche aux peintres grecs modernes, lorsqu'il dit que ceux-ci ont tâché de couvrir la négligence de leur dessin, par l'abondance et par l'éclat de leurs couleurs. Les Egyptiens comparoient ceux qui préfèrent le coloris au dessin dans la peinture, à ceux qui, en matière d'éloquence et de poésie, préfèrent les pensées brillantes aux pensées justes. Cicéron le maître et le modèle de l'éloquence latine, a dit en appliquant sa réflexion à l'orateur, que nous nous lassons bientôt des tableaux qui nous attirent d'abord par la force du coloris, au lieu que nous revenons toujours à ceux qui

_____

(1) Paul Luc., t. 6, p. 69.

excellent par la beauté du dessin, qui est le vrai caractère de l'antique (1).

Enfin la salle de la musique, où l'on donnoit en certains jours des concerts de voix et d'instrumens, étoit aussi le trésor des antiquités de cet art. On apprenoit là que le chalumeau, la flûte champêtre et les instrumens à vent, ont été inventés les premiers. On voyoit même d'abord la flûte à plusieurs tuyaux de longueur inégale, dont on se servoit avant qu'Osiris eût inventé la flûte simple qui rend seule tous les tons de la première. Ce héros en faisoit accompagner les hymnes qu'il chantoit en l'honneur des dieux, et les vers qui, selon Plutarque, contenoient les préceptes qu'il donnoit aux hommes qu'il avoit assemblés, et dont il vouloit adoucir les mœurs. Le même Osiris inventa ensuite la trompette et les tymbales pour animer les soldats dont il se servit dans ses conquêtes. Dans la suite Mercure trouva la lyre qui laisse au musicien la liberté de joindre sa voix et des paroles aux sons de son instrument.

_____

(1) V. sur les deux art. précédens Junius de *Pictura Veterum.*

Dans quelques monumens antiques, on
voit à ce dieu des lyres à sept cordes, dont
on prétend que les deux extrêmes frap-
pées ensemble formoient le diapason ou
l'octave, avant même qu'on eût introduit
dans le système diatonique la pénultième
corde qui le rend complet. (1) Après les
lyres, on montroit dans la salle de Memphis les premières tables ou les premiers
corps d'instrumens qui sont si favorables
pour fortifier les sons trop foibles dans
une seule circonférence de bois inébran-
lable, comme celle qui soutient les cordes d'une lyre. On arrivoit enfin aux instrumens à manche ou à la longue touche,
où les doigts formant les tons, trouvent
sur un moindre nombre de cordes un
plus grand nombre de tétracordes, et
même d'octaves, peuvent passer indiffé-
remment par tous les modes, et ont un
champ libre pour exécuter tout ce qui se
présente à l'imagination du plus hardi
compositeur. Diodore n'étoit pas bien
informé du fait, lorsqu'il a dit que les
Egyptiens ne cultivoient pas la musique.

---

(1) Voyez l'excellent Traité de la musique des anciens attribué à M. l'abbé de Châteauneuf.

C'est au contraire chez eux que Pythagore en avoit pris le goût, jusqu'au point
d'admettre l'harmonie dans les cieux, et
d'en appliquer les proportions à la cons-
titution générale de l'univers. Les Egyptiens invitoient les jeunes hommes et les
jeunes filles à apprendre et même à exécuter tous les genres de musique, pour
se rendre plus polis et plus agréables ; et
c'est à leur exemple que les Grecs ont mis
la musique au nombre des parties qui entrent dans l'institution de la jeunesse.

On voit par ce foible tableau que quelque belles que puissent être les éducations particulières, elles n'auront jamais
les avantages de cette éducation publique
des Egyptiens. Mais ce que j'en estime le
plus, c'est qu'elle n'abandonnoit pas les
jeunes gens comme les éducations modernes, au sortir de l'enfance ; c'est-à-
dire dans le temps où leur esprit plus
formé est capable de connoissances ou
plus profondes en elles-mêmes, ou plus
importantes pour la patrie, et lorsque
d'ailleurs ils ont besoin d'être défendus
contre les premières fougues de la jeunesse.
Aussi voyons-nous que l'adolescence qui
est le bel âge des filles, parce qu'elles sont

gardées alors plus soigneusement qu'en
tout autre temps, est l'âge impertinent
des hommes abandonnés à eux-mêmes,
à moins qu'ils ne soient d'un excellent
naturel. La légèreté d'esprit, la haine des
devoirs, la perte du temps qui semble
faire aujourd'hui le bon air de la jeunesse
grecque et romaine, déshonoroit en
Égypte les jeunes gens, je dis même auprès des dames qui s'intéressoient à eux :
et ce qui est le seul indice d'une cour véritablement polie, ils ne pouvoient parvenir à leur plaire que par le mérite et
par la sagesse. Mais sur-tout je n'oublierai
pas de dire que les exercices, les travaux
même de la jeunesse égyptienne, la sauvoient de cet ennui mortel, de ce dégoût
universel qui poursuit nos jeunes gens
jusques dans le sein de leurs débauches.

Il est vrai que dès ce temps-là même
quelques jeunes hommes plus portés à se
procurer des plaisirs pour le présent, que
du mérite pour l'avenir, trouvoient ces
occupations et même ces conversations
gênantes ; et quelques femmes qui ne savoient parler que de leur tempérament,
de leurs goûts et de leurs parures, étoient
fâchées de ne pouvoir pas porter cet

unique sujet d'entretien jusque dans le
palais, et y assujétir tout le monde. Ainsi
Daluca fut bientôt secondée dans la résolution qu'elle avoit prise de discréditer
ces académies savantes où se formoit
un mérite importun pour elle, et de dis-
siper ces conversations instructives en
tout genre, et dans lesquelles sur-tout les
règles de la morale la plus parfaite étoient
souvent discutées. L'expédient qu'elle
jugea le plus convenable à son dessein
fut de donner l'autorité des assemblées et
l'empire des conversations aux femmes
de la cour dont l'esprit lui avoit paru
le plus frivole, et qui lui sembloient les
plus propres à parler très-haut et très-
long-temps de rien lorsqu'elles se senti-
roient autorisées. La reine, sous prétexte
qu'elle étoit extrêmement occupée des
affaires de l'Etat, paroissoit peu dans ces
assemblées dont elle détournoit même le
roi, en lui fournissant le plus qu'elle pouvoit des amusemens secrets et particuliers.
Ainsi réunissant rarement la cour, les
cercles se formoient sans elle. Mais ayant
déjà donné les premières charges de sa
maison aux femmes du caractère que nous
venons de marquer, elle les nommoit pour

faire à sa place les honneurs du palais, et
présider de sa part aux conversations.
Ces femmes, toutes de moyen âge comme
elle, et qui n'avoient pris aucunes mesures pour réparer, par les qualités de l'ame,
la perte des graces extérieures, étoient
peu auparavant au désespoir de l'abandon
où elles étoient tombées. Mais relevées
alors par la faveur excessive où la reine
fit semblant de les mettre, elles rem-
plirent merveilleusement son intention,
même sans l'avoir pénétrée. Elles étoient
toujours prêtes à interrompre ceux qui
entreprenoient de dire quelque chose de
sensé ou de curieux. Mais elles en avoient
rarement la peine, d'autant qu'elles par-
loient si continûment, et que leurs discours étoient si frivoles et si peu suivis, qu'il
n'y avoit pas un homme de sens qui trou-
vât jamais où placer le moindre mot. On
s'apercevoit même que dans les confi-
dences qu'elles se faisoient assez souvent
en se parlant à l'oreille devant tout le
monde, elles tournoient en ridicule certaines personnes de la compagnie, res-
pectées dans le gouvernement précédent,
et devenues inutiles dans celui-ci. Ces
femmes s'attiroient par ces odieuses licen-

ces un mépris qui n'attendoit que la liberté
d'éclore, et qui fit diminuer dès-lors très-
sensiblement les égards qu'on avoit autrefois pour elles et pour tout leur sexe. Cependant les gens d'esprit et de mérite se
retiroient insensiblement de ces assemblées, où ils sentoient qu'ils étoient à
charge. Par là cette cour qui étoit autrefois le centre du bon goût pour toutes
sortes de matières, et le modèle de la
pureté de la langue égyptienne, n'étoit
plus que le séjour de l'ignorance et de
l'indifférence à l'égard de tout ce qui peut
servir d'objet à l'esprit et à la raison. Le
langage même se remplissant de termes
impropres et de prononciations négligées,
devenoit un jargon de fantaisie qui, n'ayant
plus de règle n'avoit garde d'en servir. Les
ouvrages de ceux qui la fréquentoient dans
le bon temps se reconnoissoient à une élégance juste et naturelle qu'ils avoient
puisée dans le commerce des femmes
polies en qui elle se trouve éminemment.
Mais les beaux esprits modernes, oubliant
que la langue ne peut jamais être que l'ouvrage du public, y vouloient introduire
de leur autorité privée une infinité de
tours et de termes bisarres, qui bien loin

d'être adoptés par l'usage, étoient évités
avec un extrême soin par tous ceux qui
vouloient conserver quelque dignité dans
leurs écrits.

D'un autre côté, les jeunes gens qui
s'apercevoient qu'il ne s'agissoit plus de
probité ni de talens dans les hommes, non
plus que de sagesse ou de conduite dans
les femmes, mais que tout dépendoit de
la faveur, abandonnoient tous les exercices de l'esprit et du corps auxquels ils
s'appliquoient auparavant, pour s'attacher à ces nouvelles créatures de la reine.
Le grand art étoit pour eux de leur faire
retrouver à force de flatteries, les attraits
qu'elles craignoient elles-mêmes d'avoir
perdus, et elles commençoient à espérer
que Daluca mettant leur âge à la mode,
on se désabuseroit de la jeunesse. Les
beautés de la Cour de Memphis y avoient
fait naître de tout temps de grandes passions. Un mérite accompli de part et
d'autre les avoit ordinairement formées.
Le seul désir d'attirer sur soi les regards
d'une personne charmante, avoit produit
des efforts de vertu et de courage que le
public avoit admirés, sans en connoître
la première cause. Mais à l'égard des in-

trigues nouvelles (1), une conformité réciproque de mauvais goût et de mauvais
choix en étoit l'origine; la débauche en
étoit l'entrée, et la communication des
vices entre les prétendus amans en étoit
le fruit. On remarquoit autrefois que ceux
qui avoient été choisis et formés par certaines femmes de la cour, étoient devenus
des hommes parfaits. A l'égard de celles-ci,
la beauté d'esprit ou le manque absolu de
génie, étoient des qualités qu'elles ne dis-
cernoient point, et absolument indiffé-
rentes pour leur amusement; mais elles
ne voyoient rien d'utile à espérer d'une
probité un peu trop marquée. Autrefois
les yeux les plus fins ne découvroient une
intelligence de cœur entre deux personnes,
qu'à une réserve plus attentive de l'une,
et à une conduite plus irréprochable de
l'autre. En ces derniers temps, le nouveau
favori de chacune de ces femmes étoit
connu de tout le monde dès le jour même;
et ils étoient plus honteux qu'elles de s'en
entendre faire les complimens.

(1) L'auteur paroît avoir ici en vue les déréglemehs
de la cour de l'impératrice Faustine, femme de Marc-
Aurèle. Voyez l'histoire des impératrices romaines,
par M. de Serviès.

La reine qui suivoit de l'œil ce progrès, recueilloit déjà le fruit de son entreprise, par le mépris, la haine, et la
jalousie qui animoient les courtisans les
uns contre les autres. Hommes et femmes, ils étoient tous arrivés par la dissipation et la légèreté d'esprit, ainsi
que la reine l'avoit prévu, à la perte
totale des mœurs. Il n'étoit aucun d'eux
qui n'eût déjà pris la résolution ferme de
sacrifier vertu, honneur, devoir, à la
moindre lueur de fortune qui se présen-
teroit à lui; et il n'y avoit plus que l'adversité ou même les revers les plus terri-
bles qui pussent leur remettre du sens
dans la tête et du sentiment dans le cœur.
Les ministres même qui jusqu'alors étant
occupés jour et nuit à leurs différens travaux, ou se délassant dans leur famille,
ne sortoient de leur cabinet que pour
aller au conseil du prince, ou pour donner audience au public, se croyoient
obligés de faire leur cour à ces femmes
accréditées; et ils mettoient à la conservation de leurs emplois, tout le soin qu'ils
donnoient autrefois aux affaires de l'état.
Il ne suffisoit pas, pour se maintenir auprès d'elles, d'être de leurs parties fan-

ta ques, de fournir à leurs plaisirs rui-
neux, de leur donner des repas immenses, il falloit encore céder à leurs re-
commandations, qu'elles n'employoient
jamais que pour des causes injustes ou
pour des sujets indignes. Il falloit même
accepter les avis les plus pernicieux pour
le prince et pour les peuples, en considération du profit le plus léger qui leur
en devoit revenir. Ainsi, quoique la feue
reine eût laissé les choses dans un si bel
ordre qu'elles pouvoient marcher long-
temps toutes seules, et même résister
long-temps à la plus mauvaise administration, l'état alloit à grands pas à sa ruine.
La paix qui, surtout dans des royaumes
d'une petite étendue comme étoient ceux
de l'Egypte, ne se maintient que par les
ressorts du cabinet, et par les égards, du
moins apparens, qu'on a pour les princes
voisins, commença bientôt à s'ébranler
par la négligence qu'on apportoit à cultiver leur amitié, par le peu de satisfaction que l'on donnoit à leurs ambassa-
deurs, et même par l'infraction de plusieurs lois qui concernoient le repos de
toute l'Egypte et sa sûreté contre les ennemis étrangers. C'est ainsi que Daluca,

dans la seule espérance de nuire à Séthos, exposoit le salut du royaume et le sien propre à toutes les conséquences d'une conduite si pernicieuse.

Mais pendant que cette indigne reine fomentoit ainsi le désordre, le sage Amédès travailloit à former le jeune prince qui en devoit être d'abord la victime et ensuite le réparateur. Il ne lui découvroit pas en termes précis la disgrace où il le voyoit déjà tombé, état dont un enfant de huit à neuf ans a peine à s'apercevoir, lorsqu'on le lui déguise par quelques vaines caresses, comme Daluca le faisoit encore quelquefois à l'égard de Séthos. Mais il projeta de jeter en lui les fondemens de toutes les vertus dont il auroit besoin pour se soutenir dans la fortune la plus contraire. Il lui parloit de son auguste naissance, pour lui faire sentir, non le respect que les autres hommes lui devoient, mais celui qu'il se devoit à lui-même. Il lui peignoit, non un prince environné de peuples obéissans et de courtisans esclaves, mais un prince dépossédé par des usurpateurs, et vivant parmi des étrangers, chez lesquels il n'auroit d'au-

tre grandeur que celle de son ame et de
son courage. Les questions qu'il lui faisoit, pour sonder ses sentimens ou pour
exercer son esprit, rouloient presque toutes sur des situations périlleuses et déli-
cates, dont on ne pouvoit se tirer que
par l'extrème valeur, ou dans lesquelles
il falloit mettre en œuvre la probité la
plus parfaite. Il ne l'excluoit pourtant
jamais positivement de l'espérance du
gouvernement paisible du royaume dont
il étoit l'héritier naturel; mais il lui disoit que les principes de mœurs qui con-
viennent au danger et à l'adversité, ou
plutôt que le danger et l'adversité même
conduisoient aisément un prince bien né
à un usage réglé et avantageux de la tranquillité et du bonheur. A l'égard de la
religion de ses pères, Amédès la lui en-
seignoit d'une manière courte, simple et
unie du côté des faits; mais il appuyoit
beaucoup sur les exemples et sur les préceptes de morale qu'il en tiroit.

On ne donne communément aux enfans des rois que des idées générales des
sciences; et il suffit en effet de les leur
faire connoître assez pour les en rendre
amateurs et protecteurs. Mais Amédès

souhaitoit qu'à tout évènement son disciple acquît tout le mérite d'un homme
privé. Il jugea même que Séthos étant encore dans un âge peu capable des grandes
maximes du gouvernement, de la politique, et de la guerre, il ne pouvoit mieux
employer les premières années de son
institution, qu'en le faisant entrer de
bonne heure dans toutes les sciences des
Egyptiens. L'enfance a cet avantage propre qu'on ne sait parfaitement que les
sciences et les arts dont on a surmonté les
premières difficultés en cet âge : et pour
ne prendre qu'en ma personne un exemple désavantageux, j'avouerai que quoique j'ai tenté d'acquérir en différens
temps de ma vie les connoissances qui
sont en honneur parmi les Grecs, je ne
sais d'une manière dont je sois content,
que lire et écrire, parce que ce sont les
seuls arts dont on m'ait fait arracher toutes les épines dans mon enfance. Cependant comme les connoissances humaines
sont d'une étendue à laquelle non-seulement l'enfance mais la vie même ne suffit
pas, ce grand maître avertissoit son disciple qu'il ne prendroit avec lui que les
premières teintures des sciences ; et que

ceux qui se contentent de ce qu'ils en ont parcouru dans ce premier âge, se doivent tenir avec une modestie sincère dans le rang des ignorans.

Amédès apercevoit de jour en jour dans le jeune prince un génie admirable. Il n'avoit point porté de jugement décisif sur l'agrément, le feu, l'esprit qu'il avoit remarqués en lui plus d'une fois dans le temps que la reine sa mère vivoit, et que la fortune la plus brillante l'environnoit de toutes parts. Ces indices sont équivoques, parce que les réparties que l'on trouve ingénieuses dans les enfans, ne sont souvent qu'un essor de la liberté qu'on leur donne, et n'ont pour sujet ordinaire que des bagatelles ; et qu'ainsi l'on n'en peut rien conclure pour un temps où il faudra s'occuper d'objets solides et sérieux. Mais dans les sciences naturelles, à peine le maître pouvoit-il suivre la facilité et la pénétration du disciple ; et dans celles qui sont historiques, à peine pouvoit-il suffire à son immense curiosité. Ainsi pour se soulager lui-même, et bien plus encore pour accoutumer le jeune Séthos à s'instruire seul, il l'exerçoit dans les premières, en lui donnant des difficultés à ré-

soudre et des expériences à faire ; et dans
les secondes, en lui faisant lire les auteurs
célèbres d'un bout à l'autre, et en lui de-
mandant des extraits suivis de toutes les
histoires. Il lui faisoit connoître par rapport aux premières les progrès de l'esprit
humain et de ses connoissances de siècle
en siècle ; et par rapport aux secondes les
grands hommes et les bons écrivains de
tous les âges qui avoient précédé le sien.

Il le menoit aussi tous les jours à certaines heures dans ces académies dont
nous avons parlé plus haut. La mode n'y
amenoit plus la foule ; mais par-là on étoit
sûr d'y trouver l'élite de la jeunesse de
Memphis, et tous ceux qui ne s'étoient
pas encore laissé corrompre par l'air présent de la cour. On n'approfondit les sciences que dans son particulier ; mais le bon
usage qu'on en peut faire ne s'acquiert que
dans le commerce des gens d'esprit et de
mérite. Outre cela Amédès, sans aucune
affectation prématurée de s'opposer à la
reine, étoit bien aise de faire connoître
Séthos à la jeunesse du royaume qui devoit croître avec lui. Il savoit l'histoire
encore récente de l'enfance de Sésostris.
A sa naissance, Aménophis son père don-

na ordre qu'on lui amenât tous les enfans
de son royaume nés le même jour que
son fils. Leur fournissant autant de nour-
rices qu'il leur en falloit, et leur nommant
même des gouverneurs, il leur fit donner
à tous la même éducation; étant persuadé
que des enfans qui auroient vécu familiè-
rement avec leur prince dès l'âge le plus
tendre, lui seroient plus attachés dans le
reste de sa vie, et le serviroient mieux
dans les combats. Amédès souhaitoit de
plus que Séthos liât quelque commerce
dans les salles du palais avec les étrangers
que la réputation de l'Egypte y attiroit
de tous les endroits du monde où l'on
avoit quelques connoissances et quelques
mœurs. Les hommes attentifs acquièrent
de nouvelles lumières dans la fréquenta-
tion de ceux-même qui en ont moins
qu'eux, et les Egyptiens en communiquant
leurs instructions aux autres peuples s'é-
toient eux-mêmes beaucoup instruits.
D'ailleurs comme la plupart de ceux qui
venoient en Egypte y étoient amenés par
le motif d'obtenir l'initiation ou par celui
d'approfondir les sciences, et quelquefois
par les deux ensemble, on n'y voyoit ordinairement que les plus grands hommes

des autres nations. Ces étrangers apprenoient, comme on peut croire, la langue
égyptienne avec un grand soin. Mais les
plus curieux d'entre les Egyptiens apprenoient eux-mêmes celles des autres peuples. Les prêtres se partageoient entre eux
toutes les langues de la terre connue, pour
être en état de satisfaire aux consultations
qu'on leur demandoit de toutes parts. Ils
envoyoient à ce dessein les plus habiles
des leurs déguisés en marchands dans les
états les plus éloignés. Les gens du monde
destinés à la guerre et aux négociations,
se bornoient ordinairement à la langue
phénicienne, à la grecque, et à la puni-
que. La première leur donnoit accès dans
les principales cours de l'Asie, la seconde
dans celles de l'Europe, et la troisième
dans celles de l'Afrique. Mais la langue
égyptienne étoit en partie la source de ces
trois langues, puisque les Phéniciens, les
Grecs et les Carthaginois étoient des co-
lonies d'égyptiens. La connoissance de
la langue égyptienne donnoit donc une
grande ouverture pour les autres. Amédès
avoit pourtant fait étudier à Séthos les
premiers principes de ces dernières ; mais
il lui en laissoit acquérir la perfection par

l'usage, et par les fréquens entretiens qu'il lui procuroit avec les étrangers qui lui paroissoient les plus habiles.

L'éducation de Séthos ne se bornoit pas à la culture de son esprit. Amédès exigeoit encore de lui les exercices du corps. Il profitoit même de l'abandon où il voyoit ce jeune prince de la part d'un père gouverné par une seconde femme, pour le faire passer par des travaux toujours plus laborieux ou plus périlleux, à mesure qu'il avançoit en âge. C'est une sorte d'épreuve que les parens les mieux intentionnés n'épargnent que trop à leurs enfans, et à laquelle Amédès lui-même n'auroit peut-être pas exposé un successeur indubitable de la couronne. Mais il regardoit son disciple comme devant être lui-même, ainsi qu'un particulier, l'artisan de sa fortune.

Il le faisoit aller à pied en tous les lieux voisins de Memphis, dans la double vue de l'accoutumer à la fatigue, et de lui faire remarquer les singularités de son propre pays, que l'on néglige quelquefois plus que les curiosités étrangères. Il le mena sur-tout plus d'une fois aux pyramides. On en voyoit de son temps une cen-

taine ensemble, mais de grandeurs fort
différentes, à quatre milles de Memphis
vers l'occident, et du côté de la Libye. Il
n'y en avoit qu'en cet endroit-là et auprès
de Thèbes, dans toute l'Egypte; et les seuls
rois de ces deux villes à l'imitation les uns
des autres avoient été curieux de donner
cette forme à leurs tombeaux, ou de laisser ces monumens de leur grandeur et de
leur puissance. Amédès étoit bien aise d'é-
puiser cet objet dont il vouloit faire tirer
à son disciple plusieurs sortes d'utilités.
Comme avant d'y aller, Séthos avoit
entendu parler plusieurs fois de ces masses
énormes, Amédès s'attendoit parfaitement à l'impression qu'en recevroit le
jeune prince à leur premier aspect, et
qui seroit sans doute la même qu'en reçoivent les voyageurs qui viennent voir du
bout de l'univers cette merveille du monde. Cette impression est toujours de les
trouver moins grandes qu'on n'avoit pensé. Amédès ne manqua pas cette occasion
de faire remarquer à Séthos que l'œil humain n'est jamais absolument satisfait des
grandeurs qui sont arbitraires, et que
pour le contenter il faudroit ce semble les
porter à perte de vue. Il n'en est pas ainsi

des grandeurs déterminées par la nature ,
comme celles des animaux ou des arbres,
qu'il n'aime point à voir représentés au-
dessus de leur mesure ordinaire. C'est
pour cela , lui disoit-il , qu'au lieu que ce
buste de femme ou de sphynx posé à terre
entre ces pyramides , et qui n'a pas quarante pieds de haut , vous paroît mons-
trueux par sa grosseur , la grande pyramide qui a plus d'un stade en tout sens
vous paroît encore trop petite. Cela vient
aussi de ce que sa hauteur n'étant pas tout-
à-fait égale à la longueur d'un des côtés
de sa base , elle a nécessairement l'air
écrasé. Ainsi , ajoutoit-il , à l'égard des
édifices on ne se sauvera jamais que par
une proportion savante et gracieuse de
leurs dimensions. Nonobstant tout cela ,
continuoit-il , les pyramides considérées
de plus près n'en sont pas moins merveilleuses , et vous allez revenir à une juste
admiration sur leur sujet. Premièrement
vous éprouverez vous-même par les mé-
thodes les plus sûres qu'on vous ait ensei-
gnées dans les académies de Memphis de
prendre les quatre points cardinaux du
monde , avec quelle justesse leurs quatre

faces sont orientées (1). Mais de plus quelques grands que vous aient pu paroître les plus beaux temples de Memphis, il n'en est aucun dont les dimensions approchent de celles de la grande pyramide; quoique la forme de nos temples ait par elle-même quelque chose de plus agréable et de plus brillant.

(2) En effet la première et la plus grande pyramide, dont l'exté·ieur subsiste encore aujourd'hui dans son entier, a une base dont chaque côté est de sept cent quatre pieds; et (3) sa hauteur perpendiculaire en a six cents trente. Toute la pyramide est formée par assises qui vont toujours en se rétrécissant jusqu'à la dernière qui laisse à la cime une plate-forme dont chacun des quatre côtés n'a plus que

(1) Voyez l'éloge de M. de Chaselles par M. de Fontenelle, dans les Mémoires de l'académie des Sciences, année 1710.

(2) Toute cette description est tirée des voyages de Bruyn, in-fol., et des notes qu'on y a ajoutées dans l'édition in-quarto.

(3) C'est-à-dire cinq pieds ou un pas de plus que le stade olympique déterminé par Hercule, qui courut d'une haleine cent vingt-cinq pas, ou six cent vingt-cinq pieds. C'est l'évaluation commune, sauf les interprétations des savans; car cet espace paroît peu considérable pour Hercule.

douze pieds. Les rebords de ces assises, dont la hauteur diminue aussi toujours en montant, servent de marches pour aller jusqu'au haut. Entre tous ceux qui se trouvoient souvent avec Séthos et Amédès à cette promenade, il n'y avoit que les plus hardis qui entreprissent d'arriver jusqu'à la plate-forme; et il n'y en avoit aucun qui descendît autrement qu'en tournant le dos à la campagne, pour s'aider de ses mains, et sur-tout de peur que l'égarement de la vue ne fît faire quelque faux pas. Séthos qui avoit déjà passé par plusieurs exercices très-hasardeux, ne comprenoit point pourquoi Amédès ne lui permettoit pas d'entreprendre celui-là, qui ne lui faisoit aucune frayeur. Amédès lui dit enfin : Prince, l'intérêt que je prends à votre vie et à votre honneur me défend de vous exposer à cette épreuve, jusqu'à ce que vous soyez en état de descendre la pyramide la face tournée du côté de la campagne. Il ne convient pas à un prince tel que vous de donner le moindre signe de crainte en quelque occasion que ce puisse être. A peine Amédès eût-il achevé ces paroles que Séthos courant à la pyramide et posant ses

deux mains sur les premières assises qui
sont hautes de quatre pieds , s'éleva
avec une légèreté et une grace merveil-
leuse sur chacune, jusqu'à ce qu'arrivant
à celles qui n'avoient qu'un pied de haut,
il les monta comme des marches ordinaires, et se trouva en peu de temps au-dessus de la plate-forme. Là il reprit haleine
un moment, et se tournant du côté des
spectateurs qui étoient en grand nombre
au pied de la pyramide ; il descendit avec
la même hardiesse qu'il auroit eue dans
un escalier couvert, et dont toutes les
marches auroient été très-égales et très-
aisées. Mais son exemple rendit l'entreprise un peu plus commune ; et sept ou
huit jeunes seigneurs, qui dès-lors s'atta-
chèrent à lui plus particulièrement, le
suivirent toujours d'aussi près qu'il leur
fut possible, et dans ses exercices et dans
ses expéditions. C'étoit aussi une erreur
établie ou par la timidité dont on étoit
saisi sur le haut de la pyramide, ou par
l'opinion que l'on avoit de la largeur excessive de sa base, qu'il étoit impossible
de tirer du haut une flèche qui tombât au-
delà des marches d'en-bas. Nous voyons
régner cette erreur de notre temps même ;

et tous les voyageurs, qui cherchent assez
à grossir les objets, parlent de cette impossibilité. Le jeune prince, avant même
que d'en avoir fait l'essai, sentit l'abus de
cette opinion. S'étant bien assuré de la
longueur des quatre côtés égaux de la
base, telles que nous l'avons marquée, il
s'engagea hardiment de tirer du milieu de
la plate forme une flèche qui tomberoit
non-seulement au-delà d'une des faces,
mais au-delà même d'un des angles de la
pyramide, étant dirigée suivant une dia-
gonale qui, selon le calcul exact qu'il en
avoit fait, ne pouvoit pas aller jusqu'à
cinq cents pieds; ce qui n'est que la moitié
de la portée d'une flèche qui part de la
main d'un habile archer.

Mais tout cela ne regardoit encore que
l'extérieur de la pyramide, et Séthos
pressoit toujours Amédès de lui en faire
visiter les dedans. On n'en auroit pas permis l'entrée aux profanes, tel qu'étoit encore Séthos, si le roi qui l'avoit fait construire y avoit été enseveli; mais comme
tombeau vide, on le laissoit parcourir à
ceux qui en avoient la patience et le courage. Comme il s'agissoit de traverser des
lieux obscurs et profonds, Amédès étoit

persuadé que cette épreuve étoit excellente contre les terreurs paniques qui saisissent la plupart des gens dans les ténèbres, et contre la crainte des fantômes dont le bruit populaire remplissoit alors comme à présent les édifices inhabités. Mais cette vue n'étoit rien encore en comparaison d'un dessein bien plus grand qu'il conçut à cette occasion, et qui devoit mettre le comble à l'éducation de Séthos.

C'est pour cela qu'Amédès lui dit en le ramenant seul un soir : Prince, la visite de l'intérieur de la pyramide, de la manière dont il est important pour vous de la faire, est une entreprise toute différente de celle que vous avez dans l'esprit. Ses routes secrètes mènent les hommes chéris des dieux à un terme que je ne puis seulement pas vous nommer, et dont il faut que les dieux fassent naître en vous le désir. L'entrée de la pyramide est ouverte à tout le monde ; mais je plains ceux qui, sortant par la même porte qu'ils y sont entrés, n'ont satisfait qu'une curiosité très-imparfaite, et n'ont vu que ce qu'il leur est permis de raconter. Un discours si nouveau pour le jeune prince jetoit dans son ame une impatience qui

alloit jusqu'à lui faire prendre la résolution d'éclaircir incessamment cette énig-
me, en trompant même la vigilance de
son gouverneur, s'il refusoit de l'accompagner. Amédès, qui lut cette pensée
dans ses yeux, ne lui donna pas le temps
de répondre, et il lui dit : Seigneur, je
vous conduirai moi-même à cette entreprise qu'il est comme impossible de commencer seul, quoiqu'il faille l'achever
seul. Mais il ne m'est pas permis de vous
exposer aux dangers que l'on y court,
jusqu'à ce que les occasions qui pour-
ront se présenter avec le temps m'aient
suffisamment assuré de votre courage,
et surtout de votre prudence. J'ai lieu
d'être content des marques que j'en ai
eues jusqu'à présent. L'age où vous en-
trez en exigera de plus grandes, et vous
fournira bientôt sans doute le moyen de
les donner. N'écoutez donc point votre
impatience, et reposez-vous sur la mienne;
mais commencez, en gardant le secret sur
le peu que je viens de vous dire, à vous
accoutumer à de plus grands. Le jeune
prince, qui ne pouvoit encore fixer son
idée sur le sens de ces paroles, dit à
Amédès, que, sans vouloir pénétrer plus

avant dans le mystère dont il s'agissoit, la première marque qu'il vouloit donner de la prudence que son maître souhaitoit de voir en lui, étoit de se fier entièrement à sa conduite.

FIN DU SECOND LIVRE.

LIVRE TROISIÈME.

La guerre dont le roi de Memphis étoit menacé, sur-tout du côté de Thèbes, causoit à Séthos une espèce de joie, parce qu'il jugeoit que la guerre seule pouvoit lui fournir le moyen de faire les preuves qu'Amédès attendoit de lui. Ce sage gouverneur qui s'en étoit aperçu, lui dit un jour : Que bien que dans l'entreprise dont il lui avoit parlé à l'occasion de la pyramide, il ne s'agit pas de faire des coups de main, ni de combattre des ennemis armés, il ne pouvoit assez louer ce qu'il y avoit de bon dans le sentiment confus qui le portoit du côté de la guerre. Mais, ajouta-t-il, je ne remplirois pas la fonction que j'ai l'honneur d'exercer auprès d'un prince né pour le trône, si je ne l'avertissois qu'un roi qui aime ses peuples regarde toujours la guerre comme un malheur, et fait pour la prévenir tous les efforts qui ne dérogent ni à ses droits bien établis ni à son honneur bien entendu. Cette maxime gravée profondé-

ment dans le cœur d'un roi y devient même
le principe de la véritable bravoure, d'autant plus ardente à défendre son propre
bien qu'elle est moins portée à envahir
celui des autres. La plupart des princes,
qui prennent à tous propos les armes à la
main, passent leur vie dans une alterna-
tive continuelle de succès et de désavan-
tages qui fait que leurs ennemis les crai-
guent peu, et les estiment encore moins:
au lieu qu'on respecte un prince ferme
dans ses justes prétentions, et qui ne
donne d'ailleurs aucun sujet de plainte à
ses voisins. Souvenez-vous donc, seigneur,
de ne jamais faire la guerre par goût et
par inclination : Mais si vous y êtes con-
traint, pour lors faites-la de sorte que
vous ôtiez ce goût et cette inclination à
vos ennemis. Séthos lui répondit qu'il
concevoit l'importance de cet avis pour
un prince qui est actuellement sur le
trône. Mais, continua-t-il, il s'agit ici
d'une guerre à laquelle je n'ai point de
part, et où mon unique fonction sera
de combattre pour le roi mon père, sans
m'informer, comme je ne crois pas le
devoir faire, de la justice ou de l'injustice
de sa cause. Vous dites vrai, seigneur,

répliqua Amédès, et un jeune prince
doit même regarder comme très-pré-
cieuses les occasions légitimes qui s'offrent à lui de faire preuve de sa valeur,
afin que s'il est un jour chargé du repos
et du bonheur de tout un peuple, il puisse
éloigner la guerre sans craindre aucun
soupçon désavantageux pour sa personne.
Cependant pour vous dispenser encore
de souhaiter une guerre aussi fâcheuse
en apparence que celle qui s'élève contre
le royaume, j'ai eu soin de profiter d'une
occasion que les dieux semblent avoir
préparée pour exercer tout à-la-fois et
utilement votre prudence et votre courage.

Les villes frontières du royaume de
Memphis du côté de la Libye, Plinthine,
Taposiris, Scyatis, la petite Oasis, et
quelques autres m'ont fait savoir par un
député secret qu'elles étoient affligées du
voisinage d'un serpent affreux qu'on croit
avoir sa retraite dans un antre du mont
Aspis, et qui désole toute la plaine appelée le petit Catabathme, d'où elles tirent leur subsistance. Elles avoient d'a-
bord pensé à demander le secours des
chasseurs du roi ; mais elles ont jugé en-

suite que la reine, occupée d'affaires
qu'elle croira plus importantes, s'inquié-
tera peu d'un fléau qui ne sauroit parvenir
jusqu'aux maisons royales, d'autant plus
qu'elle a déjà mandé aux nomarques
ou gouverneurs qu'elle ne les chargeoit
d'aucun autre soin à l'égard de leurs provinces, que d'y lever les impôts et d'y
empêcher les révoltes. On sait bien d'ailleurs, a-t-il ajouté, que les exercices fa-
tigans et périlleux ne sont plus du goût
de la cour, et que parmi ceux qui la com-
posent aujourd'hui, personne ne s'offri-
roit à une expédition où l'on ne verroit
d'autre avantage que le salut du peuple.
La conclusion de ce discours a été que
l'on s'adresseroit à moi comme au gouverneur d'un prince dont les inclinations
vertueuses faisoient toute l'espérance du
royaume, et dont l'exemple animoit aux
plus nobles exercices de l'esprit et du
corps l'élite de la jeunesse de Memphis;
que si ce prince vouloit être sous mes
yeux le conducteur de cette entreprise,
on le recevroit dans tous les lieux de son
passage avec toutes les marques de respect
et de reconnoissance dues à son rang et
à ses bontés. J'ai répondu de vous sur-le-

champ, et même de quelques jeunes sei-
gueurs vos compagnons d'académie, qui
se feroient une gloire de vous accompagner. Mais je lui ai dit que pour éviter
toute apparence d'affectation, nous for-
merions simplement une partie de chasse;
que pour la même raison nous ne nous
arrêterions, ni en allant ni en revenant,
dans aucune ville considérable; et que
l'on se gardât bien de faire pour vous
nulle part aucune cérémonie qui eût l'air
de réception. C'est dans la même vue que
sans permettre seulement à ce député de
se présenter à vous, je l'ai renvoyé aussi
secrètement qu'il étoit venu. Séthos fut
touché de toutes les attentions d'Amédès;
il le remercia également et de son zèle et
de ses précautions. Amédès l'interrom-
pant bientôt lui dit, que puisqu'il agréoit
toutes les mesures qu'il avoit prises, il lui
conseilloit de partir dès le matin du jour
suivant, pour prévenir tous les obstacles
que l'on pourroit mettre à leur voyage;
qu'ainsi il employât le reste du jour à
choisir lui-même, avec toute la prudence
d'un chef habile, ceux des jeunes seigneurs ses compagnons qui méritoient le
plus de confiance, parce qu'ils trouve-

roient sur les lieux tous les hommes dont
ils auroient besoin pour faire nombre;
enfin qu'il leur recommandât à tous de
ne parler de leur expédition que comme
d'une chasse ordinaire de bêtes sauvages.

Séthos ayant averti ses huit compagnons dont nous avons parlé, ils montèrent tous à cheval dès le lendemain, suivis seulement de quelques esclaves, et ils
prirent leur route par le bord septentrio-
nal du lac Mœris. Amédès pour les en-
courager encore davantage leur disoit en
marchant, que les grandes chasses avoient
été regardées par les anciens héros comme
un apprentissage de la guerre, non seulement par les longues courses qu'il falloit
faire, par les incommodités qu'il falloit
essuyer, en un mot par toutes les fati-
gues du corps que cet exercice entraînoit avec soi, mais bien plus encore par
la partie du jugement, par l'observation
fine, par la connoissance exacte des hauteurs, des fonds et des plus petits sentiers
qu'un chasseur est obligé d'acquérir. Mais
on peut dire, ajouta-t-il, que la chasse
que vous allez faire est une véritable
guerre. Elle a d'abord pour motif, le seul
qui puisse ordinairement rendre les guer-

res légitimes , c'est-à-dire la défense des peuples. Car au lieu que la chasse n'est dans la plupart des grands qu'une passion féroce qui les porte à dépeupler les bois et les campagnes d'animaux innocens, et souvent à ruiner les terres qui se trouvent sur leur passage, vous allez délivrer tout un pays d'un monstre qui détruit les moissons et qui dévore les troupeaux et les pasteurs. Mais de plus vous avez le courage de chercher un serpent formidable que l'on dit être d'une longueur et d'une grosseur énormes. Toutes les parties de son corps sont couvertes d'écailles qui, à ce que l'on m'a raconté, sont à l'épreuve de tous les traits qu'on peut lancer contre lui. Nous bornerons-nous donc à l'enfermer dans son antre, si nous en découvrons l'entrée? Mais outre que cet antre aura peut-être plus d'une issue, un animal tel que celui-là peut s'en faire une avec le temps par ses efforts. Nous contenterons-nous de le chasser à force de monde et de cris loin de la plaine de Catabathme, et au-delà des montagnes de la Libye? Mais d'abord après notre départ il peut revenir; et d'ailleurs il ne seroit pas généreux de jeter chez nos voisins, quand même ils

seroient nos ennemis, une cause de désolation dont nous aurons délivré nos com-
patriotes. J'ose, seigneurs, vous proposer
un projet plus digne de vous. Tâchons
de prendre le monstre vivant, et rame-
nons-le en triomphe dans la ménagerie
du roi. Vous vous accoutumerez par-là à
une pratique avantageuse dans presque
toutes les rencontres de la vie, qui est
d'employer plutôt l'adresse que la force.
Toute cette jeunesse fut charmée de l'ouverture que leur donnoit Amédès, et ils
lui promirent de suivre fidèlement ses
ordres dans l'exécution de ce dessein. Il
leur répondit que le prince Séthos, qu'il
ne perdroit pourtant pas de vue, devoit
être leur chef dans cette expédition; qu'en
les commandant, il apprendroit à se servir avantageusement, non seulement des
bras, mais encore des conseils de ses
officiers; et qu'ainsi, comme dans une
armée bien composée et dans une guerre
bien conduite, ils auroient tous part à la
gloire du succès, non seulement à proportion de leur courage, mais encore à
proportion de leur intelligence.

Nos cavaliers ayant découvert au bout
de six jours de marche la première pointe

du mont Aspis, jugèrent que le monstre
se retiroit là pour être plus près lui-même
des terres fertiles et habitées. Ils avoient
déjà aperçu les traces de ses différentes
routes par une bave luisante qui couvroit
des blés renversés et des haies rompues.
Mais ils n'avoient encore trouvé personne
qui pût leur dire où il étoit, parce que
le seul bruit de ses écailles, qu'on entendoit de loin, faisoit fuir tous les habitans
de la campagne, depuis qu'il avoit dévoré
quelques-uns de ceux qui se croyant hors
de sa portée, s'étoient arrêtés pour le
voir. On avoit seulement remarqué qu'il
demeuroit très-peu de temps dans les
lieux un peu éloignés de la montagne, et
qu'il s'en retournoit dès qu'il avoit pu
saisir dans les pâturages quelque pièce
de bétail. Nos braves chasseurs, pour
avoir des indications plus certaines de cet
animal, continuoient leur route vers le
mont Aspis. Ils n'en étoient plus qu'à une
demi-lieue, lorsqu'ils découvrirent entre
eux et la montagne un grand marais, au-
delà duquel ils virent une espèce de mon-
ticule qui paroissoit couverte de feuilles
de talc qui brilloient au soleil. Ils fixè-
rent leurs yeux sur cet objet dans lequel

ils aperçurent bientôt quelque mouvement. Ils s'arrêtèrent sur-le-champ pour l'observer avec plus d'attention. C'étoit le serpent roulé sur lui-même, et qui changeoit de posture sans changer de place. Séthos commençant alors à exercer la fonction de chef, leur dit: Chers compagnons, dans le dessein que nous avons de prendre ce monstre vivant, je crois qu'il faut, ayant toutes choses, nous assurer de sa longueur et de sa grosseur, pour mieux connoître l'ennemi auquel nous avons à faire, d'autant plus qu'il faudra sans doute l'emmener, comme les autres bêtes féroces dans une cage de fer, où nous chercherons le moyen de le faire entrer. Ainsi pour pouvoir la commander au plutôt dans la ville la plus voisine, il est important d'en savoir dès aujourd'hui les mesures. Pour cela j'imagine que nous devons aller au petit pas tous ensemble du côté de cet animal comme une caravane qui fait son chemin, et sans donner aucun signe de le vouloir attaquer. L'instinct de toutes les bêtes sauvages est d'éviter les hommes sur-tout quand ils marchent plusieurs ensemble, et qu'elles ne sont point excitées par la colère ou par

la faim. Le repos où nous voyons celui-ci
ne donne pas lieu de croire qu'il en soit
actuellement agité ; ainsi je pense qu'il
se retirera à notre premier aspect. Tâchons alors d'observer de loin les objets
qu'il atteindra dans ses alongemens par
les deux extrémités de son corps, comme
les arbres et les grosses pierres ; et quand
nous serons de l'autre côté du marais,
nous en mesurerons les distances. Séthos
nomma quelques-uns d'entre eux pour
s'attacher à cette observation. Il ordonna
à d'autres de remarquer la grosseur du
serpent par une comparaison semblable
avec la hauteur des corps auprès desquels
il passeroit, et il se chargea avec les derniers, entre lesquels étoit Amédès, de
suivre des yeux la route de l'animal, et
même de s'avancer assez pour découvrir,
s'il se pouvoit, l'entrée de sa caverne.
Amédès marqua par son obéissance particulière, l'approbation qu'il donnoit à
son élève.

Ce que Séthos avoit prévu ne manqua
pas d'arriver. D'aussi loin que le serpent
aperçut cette troupe de gens à cheval,
composée avec les esclaves d'une vingtaine de personnes, il commença à se dé-

velopper. Sa tête triangulaire sortant
comme de la base du cône que formoient
toutes les révolutions de son corps, s'é-
leva d'abord et très-légèrement à une hauteur qui sembloit égaler celle de deux
hommes. Mais il la baissa aussitôt et la
tourna du côté de la montagne qu'il vouloit gagner. Le milieu de son corps forma
ensuite un anneau ou un cercle dont le
diamètre approchoit de la hauteur à laquelle il avoit porté sa tête. L'extrémité
inférieure de ce cercle du côté de la
queue, servoit de point d'appui pour faire
glisser en avant tout le reste du corps
sans aucun bond, et d'une manière même
assez paresseuse. Cependant le monstre,
par l'étendue de chacune de ses démarches,
fut bientôt au pied de la montagne, et
laissa libre tout l'espace où l'on devoit
prendre les mesures de ses traces. Toute
évaluation faite, on trouva qu'il avoit à
peu-près quarante-cinq pieds de long, et
environ six pieds de diamètre ou dix-huit
à dix-neuf pieds de circonférence dans
la plus grosse partie de son corps qui
étoit sa tête. Pendant que la plupart des
jeunes chasseurs travailloient à cette esti-
mation, Séthos, Amédès et trois ou quatre

autres suivoient le monstre de loin. Ils se
déroboient le plus qu'ils pouvoient à ses
regards, ou par des détours, ou par les
chemins les plus couverts que la nature
du lieu pût leur offrir, de peur qu'il ne
dissimulât sa retraite, comme font plusieurs animaux quand ils se croient vus.
Celui-ci tourna autour de la base qui
porte la première pointe de la montagne,
jusqu'à ce qu'il fût arrivé à l'endroit à-
peu-près opposé à celui qui regarde le
marais d'où il venoit : et comme la base
d'une seconde pointe commence là, la
naissance de ces deux bases formoit une
avenue assez longue et assez étroite qui
conduisoit à la caverne du serpent. Nos
observateurs eurent le plaisir de le voir
entrer par une ouverture qu'il remplissoit
presque toute entière, en traînant avec
peine son corps qu'il ne pouvoit pas
mettre en cercle comme dans la campagne.

Après ces premières observations qui
s'étoient faites sur le soir du premier jour
de leur arrivée, Séthos conduisit sa troupe
dans l'endroit où il vouloit habiter jusqu'à la fin de leur expédition : c'étoit aux
environs de Scyathis.

En s'entretenant tous ensemble de ce qu'ils avoient vu, il leur faisoit remarquer que ce serpent à-peu-près de la nature des couleuvres, n'avoit d'agilité que dans sa tête et dans la partie qu'on pouvoit appeler son cou, et qui étoit à-peu-près de douze pieds jusqu'à la première articulation où son corps commençoit à se mettre en cercle, quand il vouloit marcher. Le premier degré de la bravoure, ajouta-t-il, et le seul pour dire le vrai dont nous ayons besoin dans cette occasion, est de connoître la juste mesure du péril, et de ne point s'effrayer de sa proximité tant qu'on est véritablement hors de sa portée. En supposant même que la colère de cet animal lui pourra donner un peu plus d'action et d'étendue qu'il ne paroît en avoir, sa pesanteur me fait juger qu'à huit ou dix pieds au-delà de toute sa longueur, nous serons à l'abri d'un danger auquel il est inutile ici d'exposer personne.

Dès le matin du jour suivant, Séthos accompagné d'Amédès qui avoit approuvé tout son projet, et de trois de ses compagnons auxquels il l'avoit déclaré ensuite, se mit en chemin du côté de la

caverne. Leur dessein étoit d'y entrer
quand l'animal n'y séroit pas, pour voir
si on y pourroit dresser les embûches
nécessaires pour le prendre. La première
des sentinelles qu'il avoit déjà envoyées
pour observer les marches du monstre,
lui dit qu'il étoit sorti un peu avant le
jour, et qu'allant d'abord au marais, il
s'y étoit plongé tout entier; qu'ensuite
s'étant traîné dans la campagne du
côté du Nord, ses camarades avant de le
suivre étoient convenus entre eux qu'à
mesure que l'un d'eux s'avanceroit, il sauroit toujours le poste de celui qu'il lais-
seroit derrière lui, afin de pouvoir s'a-
vertir successivement les uns les autres
du retour de l'animal. Séthos suffisamment assuré par-là de n'être pas surpris,
entra le premier dans la caverne. Ils s'é-
toient munis auparavant de légères bot-
tines de fer, précautions que les Égyptiens prennent même en pleine campagne
contre des insectes piquans que les vents
d'Afrique apportent en certaines saisons
de l'année. Ils trouvèrent à gauche une
voûte naturelle, d'où tomboient par intervalles des gouttes d'eau sur un terrain
pierreux et incliné, et à droite un lit d

glaise, où ils crurent reconnoître à plusieurs indices que le serpent couchoit.
Ils virent au fond de la caverne une autre
ouverture qui les auroit conduits beaucoup plus loin; mais comme ils n'étoient
pas venus là par un motif de simple curiosité, ils ne s'y présentèrent seulement
pas. Il suffisoit à Séthos de concevoir que
dans l'intérieur de cette caverne on pourroit monter la cage, à laquelle il imagi-
noit déjà de donner une telle forme
qu'elle pût servir non-seulement de clô-
ture à l'animal pris, mais de piége pour
le prendre. Ainsi sortant de ce lieu après
avoir fait toutes les observations nécessaires à son dessein, il revint sur-le-champ
du côté de Scyathis. Entrant dans la ville
avec les quatre personnes qui le suivoient,
il s'adressa d'abord aux magistrats. Il leur
demanda pour l'expédition dont il s'agissoit trois mille hommes de la milice de
leur province, mais pris entre ceux qui
n'étoient pas nommés pour le service militaire de cette année. Il leur dit que bien
qu'il crût ces soldats très-capables de s'exposer aux plus grands périls dans le besoin, il les garantissoit de tout danger, en
obéissant aux jeunes seigneurs qu'il leur

donneroit pour capitaines par compagnie;
qu'on fît donc rendre ces troupes à
Scyathis dans trois jours, armées de boucliers, d'épées, et de carquois chargés de
flèches, sans oublier leurs trompettes et
leurs timbales. Il demanda enfin un ordre pour tous les forgerons de la ville de
travailler incessamment à la machine dont
il leur alloit donner le dessin.

Ce jeune prince ayant obtenu toutes
ses demandes avec de grands remercîmens de la part de ceux qui les lui accor-
doient, commanda aux forgerons une
cage de huit pieds en carré dans la longueur de cinquante pieds. Tous les côtés
devoient être fermés par des barreaux
de fer qu'on ôtât et qu'on remît facilement. Les maîtresses barres qui en rece-
vroient les extrémités devoient elles-mêmes tenir librement les unes aux autres,
et le tout ensemble être posé sur des roues
basses de dix en dix pieds ; mais il vouloit de plus que les barreaux du côté de
l'ouverture fussent armés de pointes qui
cédassent à l'animal lors qu'il entreroit
dans la cage, et qui lui résistassent en
s'engageant dans ses écailles, s'il entre-
prenoit de reculer pour en sortir. L'avan-

tage de la liberté qu'il faisoit conserver
à toutes les pièces étoit non-seulement
que les ouvriers pussent travailler séparément à des parties détachées, mais encore qu'on pût transporter aisément la
machine démontée dans l'endroit où il
faudroit l'employer. Le tout fut promis
et fait dans les trois jours ; et les troupes
étant arrivées ou assemblées dans le même
terme, Séthos assigna le matin du quatrième jour pour l'exécution de l'entreprise.

Ayant posé dès la veille, comme la première fois, des sentinelles qui devoient
observer de quel côté tourneroit le monstre en sortant le matin de sa caverne, il
y fit porter dès la pointe du jour sur plusieurs chariots toutes les pièces de la machine. Elle y fut montée en moins de
trois heures, et arrêtée par l'extrémité
et par les côtés avec des morceaux de ro-
ches qu'on trouva dans la caverne même.
L'entrée de celle-ci étoit un peu plus
étroite que l'ouverture de la cage qui
par conséquent ne seroit pas aperçue de
l'animal, du moins dans le trouble où
Séthos comptoit le mettre. Il ordonna
ensuite à une partie des troupes de filer

un à un en silence vers le lieu où l'on
savoit qu'étoit le serpent, et de se rendre en passant au-dessus de lui, à l'autre
côté de l'entrée de la caverne, pendant
que l'autre partie des troupes fermeroit
l'enceinte en se rendant au côté le plus
proche de l'endroit d'où l'on partoit. A
ce premier mouvement, le monstre qui
ne se voyoit point encore poursuivi, prit
comme il avoit fait la première fois le
chemin de sa caverne. Mais découvrant
de loin une longue suite de gens, il s'ar-
rêta et bientôt après il commença à faire
des sifflemens horribles. Les compagnons
de Séthos avoient ordre de faire alors
joindre les troupes et serrer les rangs de
plus en plus, à mesure que le terrein de
l'enceinte diminueroit. En même-temps
il fit sonner toutes les trompettes et bat-
tre toutes les timbales. Outre cela les
soldats, comme on en étoit convenu,
frappèrent de leurs épées sur les boucliers
les uns des autres, pendant que d'autres
en plus grand nombre tiroient sur le monstre des milliers de flèches. Cet animal
voyant qu'il avoit à faire à des ennemis
résolus, qui malgré ses agitations et ses
menaces furieuses, le bravoient égale-

ment en s'approchant et en s'éloignant
de lui, et qui d'ailleurs ne lui laissoient
de retraite que sa caverne, se hâta
plus qu'auparavant de s'y rendre. Le
bruit des instrumens militaires, les cris
des hommes et la grêle des flèches l'y
accompagnèrent toujours plus vivement.
On prit garde qu'un peu après y avoir
engagé sa tête, il fit un effort pour reculer; mais arrêté sans doute par les pointes des barreaux de sa cage, et se sen-
tant suivi de plus près, il prit le parti de
se réfugier dans sa prison même. Il s'y
avança en effet le plus vîte qu'il lui fut
possible, peut-être dans l'espérance trom-
peuse d'en sortir par l'autre bout, et de
s'échapper par les issues qu'il connoissoit
dans sa caverne. On y entra d'abord après
lui pour mettre à la cage les barreaux
qui en devoient fermer la porte. Aussitôt les soldats devenant ouvriers, élargi-
rent l'entrée de la caverne avec des ou-
tils qu'on avoit eu soin d'apporter; et ils
en tirèrent la cage par le moyen d'un
long attelage de chevaux. Les habitans
des villes et des campagnes des environs
qui s'étoient rendus là en foule pour être
témoins oculaires de cette expédition,

virent passer l'animal étendu, ne donnant plus aucun signe de fureur, et tournant tranquillement les yeux de côté et d'autre. Séthos ne voulant point rentrer dans la ville, pour se soustraire à des remercîmens de cérémonie, licencia en cet endroit là même les troupes dont il s'étoit servi. Il les loua de l'exactitude avec laquelle elles obéissoient aux moindres signes de leurs commandans, en quoi elles étoient très-exercées. Le monstre toujours traîné à reculons, afin qu'il fût moins frappé des objets qui se présenteroient sur son passage, fut conduit jusqu'au lac Mœris, où Séthos le fit embarquer pour faciliter son transport. Il le suivit avec tout son monde jusqu'à Memphis : mais il ne voulut point qu'on lui donnât à manger dans toute la route, sachant que les serpens subsistent sans nourriture un bien plus long espace de temps.

Diodore (1) raconte la chasse et la prise d'un serpent aussi prodigieux que celui-ci. Nos voyageurs même prétendent en avoir vu qui passent cent pieds de long;

_____

(1) *Lib.* 3.

mais personne n'a révoqué en doute le
récit de Diodore au sujet de celui dont
il parle à l'endroit cité. Il fut amené de
l'Ethiopie à Alexandrie, sous le règne de
Ptolémée Philadelphe. La générosité de
ce prince, dont on gagnoit les bonnes
graces par les singularités de tout genre
qu'on lui offroit, inspira à des hommes
hardis l'envie de lui faire un présent de
cette espèce. Ils perdirent quelques-uns
des leurs dans les premières attaques;
mais enfin ils vinrent à bout du monstre
auquel ils s'étoient attachés, par des ex-
pédiens très-peu différens de ceux que je
viens de rapporter d'après mes auteurs,
sous le nom de Séthos. Diodore ajoute
qu'à force de le faire jeûner on le rendit
aussi doux que les animaux domestiques.

Quoiqu'Osoroth ne fût pas si sensible
que Ptolémée l'a été depuis aux merveil-
les de la nature, non plus qu'à l'industrie
des hommes, il ne laissa pas de recevoir
son fils et les jeunes seigneurs ses compagnons avec de grandes louanges. La
reine, de son côté, conçut un chagrin
secret de ce premier exploit de Séthos;
et Amédès, pour vaincre le mal par le
bien, se hâta dès-lors de rendre ce jeune

prince encore plus digne de sa jalousie.
Il se croyoit désormais assez sûr de la
prudence et du courage de son disciple
pour exécuter le projet qu'il avoit formé
à son avantage. Mais il falloit le faire ab-
senter de la cour trois ou quatre mois ;
et il ne croyoit pas difficile d'en avoir la
permission. La reine laissoit rarement à
Séthos la liberté de voir le roi, qui,
conformément à son caractère, demandoit peu de ses nouvelles ; et ce n'étoit
pas du côté du jeune prince que se tour-
noit une cour frivole et corrompue.

FIN DU TOME PREMIER.

www.ingramcontent.com/pod-product-compliance
Lightning Source LLC
Chambersburg PA
CBHW070408090426
42733CB00009B/1587